Adam Soboczynski

Traumland

Der Westen, der Osten und ich

KLETT-COTTA

MIX
Papier | Fördert
gute Waldnutzung
FSC® C083411
FSC
www.fsc.org

Klett-Cotta
www.klett-cotta.de

Dieses Werk wurde vermittelt durch die Literarische
Agentur Michael Gaeb

Cover: Rothfos & Gabler, Hamburg
unter Verwendung einer Abbildung von © Autor,
shutterstock/Alice-D, Alexander Sobol, Navara
Gesetzt von C.H.Beck.Media.Solutions, Nördlingen
Gedruckt und gebunden von CPI – Clausen & Bosse, Leck
ISBN 978-3-608-98638-9
E-Book ISBN 978-3-608-12190-2

Zweite Auflage, 2023

Bibliografische Information der Deutschen Nationalbibliothek
Die Deutsche Nationalbibliothek verzeichnet diese Publikation in der
Deutschen Nationalbibliografie; detaillierte bibliografische Daten
sind im Internet über http://dnb.d-nb.de abrufbar.

1 Die Heimat

Die Chroniken für den September 1981 berichten von einer stümperhaft ausgeführten Flugzeugentführung in Jugoslawien, die alle Beteiligten überlebten. Es starben in diesem Monat der Naziarchitekt und Rüstungsminister Albert Speer sowie der französische Psychoanalytiker Jacques Lacan. Simon & Garfunkel fanden wieder zueinander und sangen im Central Park vor einer halben Million Zuschauern. China gelang es im September 1981, drei Satelliten in die Erdumlaufbahn zu schicken, was die Amerikaner überhaupt nicht mochten. Der amerikanische Präsident hieß Ronald Reagan, der Generalsekretär der KPdSU war Leonid Breschnew. Unglücklicherweise hatte Lady Di Prinz Charles geheiratet. Sie galten damals als das Traumpaar der Welt.

Nur drei Monate später, im Dezember, geschah etwas Unerwartetes. Es vollzog sich ein letztes, lächerliches, brutales Aufbäumen des Kommunismus in Europa. Nach unzähligen Streiks in den Betrieben des

Landes, weil die Lebensmittel immer teurer wurden, verhängten die Machthaber in Polen für eineinhalb Jahre das Kriegsrecht und traktierten das aufmüpfig gewordene Volk mit Terror. Nach dem Militärputsch wurden die Nachrichten im Fernsehen von Soldaten verlesen, Telefonate abgehört, die Zensur ausgeweitet, Tausende Arbeiter gefangen genommen, die Grenzen dichtgemacht. Die Mauer zwischen Ost und West drohte schon damals in sich zusammenzufallen. Nur noch wenige Jahre sollte sie sich durch den Aufmarsch von Soldaten und den Einsatz von Panzern, die Verfolgung von Geistlichen, mit Knast und Folter, mit der Niederschlagung der Gewerkschaft Solidarność aufrechterhalten lassen. Der Kalte Krieg war nur im Westen kalt, im Osten wurde geschossen und gemordet, sobald ein Land sich aufmachte, der Sowjetunion den Rücken zu kehren.

Im September des Jahres 1981, nur wenige Wochen vor dem Militärputsch, wartete ich mit meinen Eltern und meinem kleinen Bruder vor einem alten, nur hier und da etwas zerbeulten Mercedes. Ich war sechs Jahre alt. Drei Koffer wurden verstaut. Der Mercedes war ein Taxi, das uns in Toruń an der Weichsel, nordwestlich von Warschau gelegen, in der abendlichen Dämmerung von unserer Wohnung zum Bahnhof fahren sollte. Von dort sollte uns ein Zug nach Posen und dann einer nach Deutschland, in dieses viel beschworene Traumreich, bringen. Dass es ein Mercedes war, weißglänzend und lang, schien meinen Eltern bedeutsam, ein im Ostblock seltenes Auto, und weiß der Teufel, woher der Fahrer ihn hatte. Mein Vater sagte scherzhaft, wir seien sozusagen schon im Westen. Kein Fiat Polski! Keine jener Einheitskisten, die für gewöhnlich über die Straßen rollten und die es in zwei Ausführungen gab. Es gab den großen Fiat Polski und den kleinen Fiat Polski, und es waren, immerhin, die elegantesten Autos des Ostens, von Italienern und Polen gemeinsam designt. In den kleinen, den »Maluch«, für den man keinesfalls größer sein sollte als einen Meter siebzig, hatten meine Eltern eingezahlt, sie erwarteten seine Auslieferung, die ein Jahrzehnt später erfolgen sollte. Nun wollten sie nicht mehr warten. Und so standen wir also vor dem Mercedes.

Ich kannte die Autos der Welt gut. In meinem Zimmer hatte ich eine kleine blecherne Galerie amerikanischer, polnischer, russischer, deutscher Miniaturautos aufgestellt. Von manchen Wagen ließen sich sogar die Türen öffnen. Sie fuhren von meiner Hand geführt häufig auf der Kommode in meinem Zimmer herum, ein grüner Audi 80 überholte den Moskwitsch, der Renault R4 einen Lada 1500, der blaue Polonez hielt an einer imaginären Ampel, bis sie auf Grün sprang. Die Verkehrsordnung hatte aus Kindersicht eine beruhigende Wirkung. Während alles andere immer unübersichtlicher wurde, gab es hier feste Regeln und Reihenfolgen.

Unsere Wohnung befand sich in der Ulica Tadeusza Kościuszki, einer Ausfallstraße, abseits der verfallenden Patrizierhäuser im historischen Zentrum dieser mittelgroßen, 200 000 Einwohner zählenden Universitätsstadt. Unsere Straße war benannt nach einem brillanten Militäringenieur, der am Ende des 18. Jahrhunderts einen erfolglosen, aber denkwürdigen Aufstand gegen die Preußen und die Russen anführte. Er bewaffnete Bauern nur mit ihren Sensen, das ging nicht gut. Nun sind so viele Helden der Polen tragisch, ihr Triumph ist die Niederlage, ihre Rebellion ein Martyrium. »Du sollst nicht siegen!« ist das elfte, das polnische Gebot. Und bis heute glauben viele in diesem Land, dass es sich selbst dann zu kämpfen lohnt, wenn man nur verlieren kann. Der Selbstachtung wegen.

Wir lebten in einem viergeschossigen Plattenbau, der zur Arbeitersiedlung der Chemiefabrik Elana gehörte. In der Elana arbeitete mein Vater als Maschinenbautechniker. Meine Eltern nannten es Luxus: drei Zimmer auf 48 Quadratmetern, eine Heizung, die so gut war, dass sie sich im Winter gar nicht mehr abstellen ließ, ein Innen-WC. Meine Eltern waren elenden Dörfern am westlichen Rand der masurischen Seenplatte entkommen, einer archaischen Welt, die noch in den frühen sechziger Jahren kein fließendes Wasser, keine Zentralheizung kannte. Und erst recht kein Innen-WC, sondern nur den schiefen Verschlag auf dem Hof mit den Sternen als Beleuchtung. Eine Welt, in der die Frauen mit vierzig schon aussahen wie heute Sechzigjährige, in der die Männer schon morgens so viel soffen, dass die Frauen sie aufs Feld prügeln mussten, und in der die verlogenen Priester ungefähr so machtvoll waren wie die verlogenen Parteisekretäre. Eine Welt, in der nachts in Eimer gepisst wurde, weil der Weg in die Kälte einem den Tod gebracht hätte, in der die Gänse in der Küche geschlachtet wurden, mit einem Schnitt durch die Kehle, während im Radio Jazz aus polnischer Eigenproduktion lief. Das helle Blut strömte in einen Bottich und war die Grundlage der beliebten Czernina, der Blutsuppe. Die Groteske war mit Händen zu greifen: Die Lehre von Marx und Lenin versprach einen menschheitsbeglückenden, einen gewaltigen Aufbruch, einen technologischen Riesensprung, aber man kam vom Dorf nur mit Mühe in die nächste Stadt, schleppte Wasser aus Brunnen, heizte mit Kohlen. Die Landwirtschaft war mit den groben Schlachtwerkzeugen und der weit verbreiteten Kinderarbeit ungefähr so modern wie im 19. Jahrhundert.

Es war das Unglück des Sozialismus, dass es alle gleich gut oder schlecht haben sollten und es weitgehend auch hatten, den Menschen aber ein zäher, nie und nirgends versiegender Wettbewerb und Geltungsdrang eingeschrieben sind. Es besser haben: Es besser zu haben als die Nachbarn, es besser zu haben als die Geschwister und es besser zu haben als die eigenen Eltern, war ein Lebensantrieb. Die Nachkriegskinder wetteiferten in den sechziger und siebziger Jahren darum, die erste Wohnung mit Badewanne in der Stadt, die erste Waschmaschine, den ersten Fernseher, das erste Auto zu haben. Die gottlosen Sozialisten ließen sich ertragen, solange sie den Fortschritt, den sie predigten, halbwegs ermöglichten. Sie ermöglichten ihn vor allem durch Schuldenmacherei. Die Läden wurden gefüllt auf Pump, mit enormen Krediten beim Klassenfeind, bis der Schwindel innerhalb weniger Jahre aufflog, bis das Land auf den Bankrott zusteuerte und wir mit einem Mal regelmäßig Stromausfälle hatten und morgens vor weitgehend leeren Geschäften standen, mit Lebensmittelscheinen, auf denen die Grammzahl unserer wöchentlichen Fleischration vermerkt war. Sobald es etwas rationsfrei gab, wurde es in Unmengen gekauft und gehortet. Wir hatten Zucker gehamstert, leider fehlte es an Mehl, um ihn in Kuchen zu verwandeln. Dann hatten wir Mehl, aber keinen Zucker.

Gehungert wurde nicht, das ist eine Legende. Aber die Erniedrigung: wie Zootiere auf Fütterungszeiten zu warten. Und schon bald die bleierne Gewissheit, dass es nicht mehr besser werden würde. Der Sozialismus hatte seinen Gipfel erklommen. So gut wie alle waren jetzt gleich. Indem alle gleich arm waren. Die Trostlosigkeit: dass man den Nachbarn nicht mehr übertrumpfen konnte. Stattdessen: das kollektive Existenzminimum. Die heruntergedimmten Leidenschaften, die abgefallenen Reize, die Einheitskleidung. Man wollte eitel sein dürfen, man konnte es nicht mehr. Man wollte sich herausputzen, aber es fehlten der Stoff und die Düfte. Dass die Frauen des Ostblocks gleich nach der Wende so übersexualisiert und aufgetakelt herumliefen, zumindest nach westlichen Kriterien, war eine unmittelbare Reaktion auf die Tristesse.

So viele hatten in Polen eine urwüchsige Abneigung gegen die Sowjetunion, den übermächtigen Bruder, der unser Land dominierte und der während des Zweiten Weltkriegs Teile der Elite ermordet hatte, aber die wenigsten räsonierten über Staatssysteme, über Demokratie und Diktatur, über Gewaltenteilung und Zensur. Das war etwas für Feinschmecker. Aber alle wussten, dass sie am Rande eines gewaltbereiten Imperiums lebten und dass dieses Imperium selbst in seinen entlegensten Regionen dazu verdammt war, ökonomisch auf der Stelle zu treten. Die Feinschmecker, die Intellektuellen, sehnten sich stets nach Amerika oder nach Frankreich, weniger nach Deutschland, dem einstigen Aggressor, der die Hauptstadt des Landes weggesprengt hatte.

1970 war mein Vater 21 Jahre alt und streikte bereits auf der Danziger Leninwerft, schon über ein Jahrzehnt vor den ganz großen Unruhen. Er schweißte eines Morgens nicht mehr an Schiffen herum, sondern stellte gemeinsam mit Tausenden von Arbeitern auf dem Betriebsgelände die Arbeit ein. Weil es alle machten, weil es eine zwingende Dynamik gab, machte er es auch. Kurz vor Weihnachten war es zu Preiserhöhungen gekommen, den Zeitpunkt hatten die Kommunisten ungeschickt gewählt. Es brannten das städtische Parteigebäude und der Bahnhof, Geschäfte wurden geplündert, man demonstrierte und randalierte. Die Kommunisten sprachen von konterrevolutionären Aktivitäten. Sie mobilisierten das Militär, es wurde geschossen, gefoltert, die Leichen in der Nacht verscharrt. Den Leichnam eines der Ermordeten, eines Achtzehnjährigen, trugen die Streikenden auf einer Bahre in einem Protestzug durch die Stadt. Es war ein Aufstand weniger Tage mit etwa tausend Verletzten und Dutzenden von Toten.

Als mein Vater mit seinen Arbeitskollegen das bestreikte Gelände verließ, bildeten Soldaten eine Gasse. Die Arbeiter passierten bedrohlich angelegte Gewehre und Panzer, Hubschrauber kreisten über der Werft. Der Aufstand war niedergeschlagen worden, und wie durch ein Wunder, in Wahrheit durch die Aufnahme horrender Staatsschulden, erzeugten die Machthaber für eine kleine Weile die Illusion eines Aufschwungs.

Elf Jahre später, wenige Wochen vor unserer Ausreise, zeigte mein Vater mir mit einer ratlosen Geste eine stillgelegte Baustelle in unserer Stadt. Dort sollte ein Hallenbad entstehen, aber offenbar fehlten das Material und die Bereitschaft, es zu vollenden. Nur das Becken war schon vor längerer Zeit fertiggestellt worden, nun brach das Unkraut durch die Ritzen. Die Natur hatte über den sozialistischen Fortschritt gesiegt. Der Stillstand, der Verfall, die finstere Gewissheit, dass einmal begonnene Bauten nie mehr fertig würden, waren bedrückender als die Armut als solche. Denn die Laufrichtung stimmte nicht. Wir lebten im Bewusstsein des fortwährenden, nicht aufhaltbaren Abstiegs. Dass es der Generation meiner Eltern so viel besser ging als meinen Großeltern, war kein Widerspruch. Es heißt, ein Volk rebelliert erst, wenn sich seine Situation verbessert hat, dann, wenn sich erste Lichtstrahlen zeigen und wieder verdeckt werden.

An den vielen Abenden vor der Ausreise wärmte uns die Kraft der Verheißung. Ich erinnere mich an meine Mutter, die Schneiderin, an ihre Versuche, die Zukunft hell einzukleiden. Sie setzte sich an mein Kinderbett. Sie beugte sich hinab, sie küsste mich auf die Stirn, sie sprach, um mich in den Schlaf zu bringen, sie sprach vom Himmelreich, das uns erwartete, von den Orangen, der Schokolade, den Autos, der Autobahn, von der duftenden Kleidung, vom niemals versiegenden Reichtum. Und: Wir würden niemals mehr Schlange stehen! Es war die Sprache des Märchens. Und das Paradies, in dem das Aschenbrödel sich als Prinzessin wiederfinden würde oder der Knecht als König, hieß Niemcy, Deutschland. Ansonsten war noch von der Baba Jaga die Rede, der bösen Hexe, die einen holte, wenn man nicht brav war oder sich weigerte, sofort einzuschlafen.

Niemcy – dem Wortursprung nach waren damit die Fremden, die Fremdsprachigen, die Stummen, die, mit denen man sich nicht verständigen kann, gemeint. Ich war gut vorbereitet worden: Die Stummen hatten das bessere Land, das reichere, das schönere. Es war das Land, in dem die Sterne vom Himmel fielen, und siehe da, es waren lauter Münzen. Es war für uns ein Traumland, wie es einst für Deutsche Amerika gewesen sein mag. Wenn jemand von Niemcy sprach, dann meinte er selbstverständlich die Bundesrepublik. Die seltsame DDR war der Stasi- und Polizeistaat dazwischen, viel rigider als Polen, viel ärmer als Niemcy.

Ich wusste nicht, dass es fast ausschließlich der Wohlstand war, der dem Land Niemcy damals eine Identität, einen Sinn, den Kitt gab. Dass es so weniges in der Vergangenheit gab, worauf die Deutschen sich berufen konnten, um ein Zusammengehörigkeitsgefühl zu stiften. Dass es, umgekehrt, ein Land sehr berechtigter, unendlicher Scham war, ein Land der Verbrecher und Mörder, von denen noch viele munter vor sich hin lebten. Ich wusste damals nicht, dass ich aus einem Land der Opfer in ein Land der Täter zog, aus einem Land des Stolzes in ein Land der Befangenheit. Ich spürte, dass ich im Kalten Krieg lebte, dass der Schritt, vom Osten in den Westen zu ziehen, etwas Gewaltiges und Endgültiges hatte, dass ich nicht wegzog, sondern ausreiste, dass Niemcy kein anderes Land war, sondern eine andere Welt, eine andere Zeit.

2 Der Aufbruch

Wenige Stunden bevor uns der Mercedes zum Bahnhof brachte, stand mein Vater, der Arbeiter, ein letztes Mal in der Wohnung, allein vor leeren Wänden, für eine Flattersekunde wehmütig und verängstigt. Ein paar Stunden später würde man ihm den polnischen Pass abnehmen und ihn ausbürgern. Er wird später immer wieder sagen, und er sagt es bis heute, dass Zurückblicken keine Option sei. Sein erstes Leben war beendet, das zweite, mit 31, begann in Niemcy. Vor ein paar Monaten erst, ohne Anlass, zeigte er mir seinen Solidarność-Ausweis, der mit diesem so blutroten Schriftzug der Gewerkschaft versehen ist. Er tat dies leicht belustigt, nicht feierlich. Er hatte ihn zufällig in seinen Unterlagen gefunden. Millionen seien Mitglied gewesen, sagte er, in seinem Fall sei das kein mutiger Akt des Widerstands gewesen, sondern eine Selbstverständlichkeit.

Wir sind nicht geflohen, es gibt in dieser Geschichte keine Helden. Meine Mutter hatte deutsche Wurzeln und durfte daher einen Ausreiseantrag stellen. Sie war zwar in Polen geboren und polnisch sozialisiert worden, aber die deutsche Herkunft ihrer Eltern reichte aus, um meinen polnischen Vater, meinen wenige Monate alten Bruder und mich mitzunehmen. Es kursierte damals der Spruch, dass es zur Erlangung der deutschen Staatsangehörigkeit ausreichte, im Besitz eines Deutschen Schäferhunds zu sein. Wir hatten keinen Deutschen Schäferhund, aber auch so hörte ich meine Mutter, die ein sehr wackliges, ostpreußisch und polnisch eingefärbtes Deutsch sprach, niemals von einer Heimat sprechen, in die es zu gelangen sei. Wir waren auch nicht in einer Heimat angekommen, sondern im Paradies.

Es war bequemerweise nur eine lange Zugfahrt entfernt, an die ich mich nicht erinnern kann. Ich erinnere mich an das Aufnahmelager im niedersächsischen Friedland direkt hinter der deutsch-deutschen Grenze, in dem wir die neuen Pässe erhielten. Ich erinnere mich an Etagenbetten; an Schweißgeruch; an das Geschnarche; an das andauernde Gerede der Ankommenden; an Kindergeschrei; an diese neue, fremde Sprache der Beamten, die für mich nur ein Geräusch war; an das Stempeln von Dokumenten, an meine helle Empörung darüber, dass wir vor der Essensausgabe in einer langen Schlange stehen mussten, genauso wie in Polen. Und an meine Mutter, die daraufhin die Fassung verlor.

Wir sind schließlich tief in den Westen gezogen, nach Koblenz am Rhein. Unser Leben veränderte sich, als hätte jemand einem Schwarzweißfilm mit Zauberhand die Farbe geschenkt. Wir hatten schon nach wenigen Monaten einen gebrauchten Ford Capri, der orange glänzte, sehr laut über die Autobahn glitt, aber bald den Geist aufgab und sofort von einem neuen Wagen abgelöst wurde. Wir hatten eine geräumige sechzig Quadratmeter große Wohnung in einer städtischen Siedlung aus den fünfziger Jahren; eine Fritteuse, die mein Vater nachts heimlich in die Wohnung gebracht hatte, damit die Nachbarn nicht dachten, wir seien zu schnell zu reich geworden; einen Balkon, von dem aus man die Fabrikhallen des Stabilus-Werks sah, eines großen Betriebs, der Stoßdämpfer für Autos herstellte.

Die Wunderwerke des neuen Landes: Es funktionierten die Müllabfuhr, das warme Wasser, die Elektrizität. Die neuen, nie zuvor gekosteten Speisen: die Pommes, die Tiefkühlpizzen, der Toast Hawaii, die große Trommel Chio Chips Paprika, das Fürst-Pückler-Eis. Die Leuchtreklamen, das Lichtermeer, wenn man auf der Autobahn abends in die Stadt fuhr, wirkten gewaltig. Alles wirkte gewaltig. Die Fußgängerzone war ein Rausch der Sinne: Die Kleidung der Leute war, durch die Mode des neuen Jahrzehnts noch verstärkt, bunter als in Polen, es roch überall nach besseren Zigaretten und nach besseren Parfums. Die Auslagen quollen über. Meine Mutter hielt die Waren zunächst für Attrappen, vor allem die sich stapelnden Würste in den Metzgereien, jemand wolle sie auf den Arm nehmen, die seien doch aus Plastik.

Sie waren nicht aus Plastik. Es war alles genau so, wie es vorhergesagt worden war. Deutschland, Niemcy, war die Verkörperung sagenhaften Reichtums und für meine Eltern das Versprechen eines sozialen Aufstiegs, den man immer nur in Amerika vermutete, der sich aber auch hierzulande vollzog, wenn auch lautlos und fast heimlich, doch mit nicht weniger Durchschlagskraft. Meine Eltern machten, wofür sich die Einheimischen zu schade waren: Mutter hatte mehrere Putzstellen. Vater arbeitete zwei Jahre lang auf Montage. Er schweißte monatelang in Grohnde bei Hannover an einem Atomkraftwerk herum, das mittlerweile stillgelegt ist. Er verständigte sich dort mit Händen und Füßen. Er montierte in Bayern Gaspipelines. Das Gas strömte schon damals munter aus der Sowjetunion. Er arbeitete damit ironischerweise einem Imperium zu, dem er gerade entkommen war. Er teilte sich ein Doppelzimmer in billigen Pensionen mit anderen Montagearbeitern. Einmal mit einem schwergewichtigen Jugoslawen, der kistenweise Bier trank und vor dem er sich fürchtete. Der Jugoslawe neigte zu grundloser Aggression, weinte und brüllte in der Nacht in einer Sprache, die mein Vater nicht verstand.

Meine Eltern zahlten auf das kleine rote Sparbuch der Sparkasse ein, bis das Ersparte irgendwann die Grundlage einer Eigentumswohnung bildete. Die Schufterei, die Entbehrungen waren enorm, aber die beiden waren so belebt von ihrem Aufstieg, und sie sind es bis heute.

Sie hatten ein gedemütigtes Land verlassen. Und sie schauten es sich jetzt von der Fernsehcouch aus in den Nachrichtensendungen an. Ein Land, in dem das Militär regierte, in dem die Menschen Lebensmittelspenden aus der DDR und der Sowjetunion annehmen mussten. Ein Land, in das meine Eltern nun selbst Pakete schickten mit dem Notwendigsten. Ein Land, dessen Aufbegehren gegen die Diktatur zahlreiche westeuropäische Politiker nicht als wünschenswert betrachteten, sondern als Gefahr für den Weltfrieden. So sahen das jedenfalls viele in Niemcy: Das solide Verhältnis zur Sowjetunion sollte nicht aufs Spiel gesetzt werden, die Verhängung des Kriegsrechts galt als unvermeidlich. Politiker der Regierungspartei SPD vermieden es, Oppositionelle zu treffen, 10 000 von ihnen waren zwischenzeitlich im Knast gelandet. Auch das war Teil der viel gerühmten Entspannungspolitik.

Meine Eltern gehörten der von Intellektuellen immer so verspotteten Schicht der Kleinbürger an. Sie waren katholisch, aber nicht bigott; menschenfreundlich, aber nicht naiv; stilunsicher, aber ungemein ordentlich. Sie waren bildungshungrig und klug. Sie orientierten sich an den besseren Schichten. Die Kinder sollten auf gute Schulen, und sie schauten auf jene herab, die den Staat ohne drängende Not mit dem Bezug von Sozialhilfe in Anspruch nahmen. Sie mochten nicht, wenn man sich nicht anstrengte. Sie waren materialistisch und rechtschaffen. Sie wählten immer eine der beiden Volksparteien und hielten gesellschaftsliberale Experimente für ziemlich belanglos. Sie scheuten und scheuen intuitiv alle Extreme, linke wie rechte. Sie hatten, als sie ankamen, ein Bild von Deutschland, das einer schon damals verblassenden Nachkriegserzählung entsprang: von einem Land, in dem die Ärmel hochgekrempelt werden wie auf den Bildern von Trümmerfrauen; das sich aufrafft zum Wirtschaftswunder; das schafft und Häusle baut und das wienert und bohnert, bis auch die letzte Ecke glänzt. Noch heute gehen sie ungern in ein Restaurant. Wenn sie es doch tun, und sie tun es im Alter dann doch häufiger, sagt mein Vater immer noch wie aus Trotz, zu Hause schmecke es besser »als in der teuren Kneipe«.

Mit den Einwanderern gelangt seit Jahrzehnten auch Unzeitgemäßes ins Land. All die Türken, die von der Familienehre sprechen, all die Polen, die wie mein Vater noch in den neunziger Jahren mit einem Papstbild am Armaturenbrett herumfuhren, all die korrekten Araber, die heute die Päckchen der Onlinehändler zur Wohnungstür bringen, verkörpern in den Augen der Deutschen eine untergegangene Epoche. Sie erinnern an die konservativen Gründerjahre der Republik. In Gestalt des Zugezogenen lässt sich die abgestoßene Biedermeierlichkeit von einst ertragen, sie ist in ihr aufgehoben. Viele politisch beseelte Deutsche fühlen sich heute sehr fortschrittlich, in ihrer postmaterialistischen Güte finden sie Lebenssinn. Sie sind selbstkritisch. Sie haben aus der Geschichte gelernt. Sie haben das dritte Geschlecht anerkannt und die gleichgeschlechtliche Ehe eingeführt. Sie verdammen das Patriarchat und manche verdammen noch heute das Militär. Sie bekämpfen den Klimawandel und unterstützen Minderheiten. Sie begrüßen Flüchtlinge. Sie positionieren sich entschieden gegen jede Form von Unterdrückung, Ungerechtigkeit oder Übergriffigkeit, und sie finden auch sehr viel Unterdrückung, Ungerechtigkeit oder Übergriffigkeit.

Einige begreifen diese Missstände als strukturelle Probleme der ganzen Gesellschaft, wenn nicht des ganzen Westens mit seiner in Schuld verwickelten Geschichte, was diesen Missständen etwas Tiefes, Bedrohliches und schlecht Greifbares, vermutlich auch niemals Lösbares verleiht. Weil es so in Mode ist, habe ich vor einiger Zeit meinen Vater während eines Spaziergangs gefragt, ob er in seinem zweiten Leben, in Niemcy, je diskriminiert worden sei, ob ihm je Überheblichkeiten oder wenigstens Mikroaggressionen entgegengeschlagen seien aufgrund seiner Herkunft. Immerhin waren die Polen als slawische Untermenschen angesehen und auch so behandelt worden, zum Beispiel seine Eltern, meine polnischen Großeltern, als die Deutschen das Land überfallen hatten. Etwas vom Hass muss doch übrig geblieben sein, ein bisschen Ressentiment in seinen Betrieben, ein Funken Chauvinismus im Supermarkt.

Man muss wissen, dass mein Vater, der seit über vierzig Jahren in Deutschland lebt, sofort als Zugezogener erkannt wird. Zumindest, wenn er spricht. Er versteht alles, aber er wird nicht immer verstanden.

Er hat nicht nur einen starken Akzent, er hat sich eine einsame Grammatik zurechtgelegt. Meine Rassismusfrage irritierte ihn, sie schien ihm, glaube ich, dumm und verkünstelt. »Nein«, sagte er auf Polnisch, »so was habe ich nie erlebt.«

In einem Roman wäre dieser Satz ironisch, sarkastisch oder verblendet gemeint, mit großer Wahrscheinlichkeit würde der Protagonist damit demonstrativ sein Leid, seine Demütigungen nur kaschieren. Hier aber war nichts zu kaschieren. Mein Vater ist einfach nicht dazu zu bewegen, die Schwierigkeiten in seiner zweiten Heimat zu dramatischen Episoden umzudeuten. Nicht, dass er nicht ahnen würde, dass von Migranten heute regelrecht verlangt wird, sich als unterdrückt zu begreifen, schon deshalb, weil man ihnen dann mit überheblichem Mitleid begegnen kann. Als Migrant ist er eine Produktenttäuschung. Aber er ist nun mal zufrieden. Mit Sinn für handwerklichen Pragmatismus und schwer zu erschütternder Gelassenheit. Natürlich, er ist eben ein alter, weißer Mann. Also jemand, dem im Traum nicht einfallen würde, sich benachteiligt zu fühlen.

Meine Mutter, wie im östlichen Europa seit jeher üblich, war in unserer Familie zuständig für alle Entscheidungen von alltäglichem Belang. Ihre häusliche Macht war grenzenlos, was ihre einst im dörflichen Normenkorsett rabiat erstickte Schulbildung und verhinderte Berufskarriere kompensierte. Sie entschied, wer was zu welchem Anlass anzog, wie die Wohnungseinrichtung auszusehen habe, wofür das Geld auszugeben war und wofür nicht. Wohin in Urlaub zu fahren war und wohin nicht. Sie setzte alles daran, dass wir möglichst schnell nicht mehr als Zuwanderer auffielen. In dieser über Jahrzehnte nicht abklingenden Sorge blieb sie ihrer Herkunft verhaftet. Ihr Projekt war das Ankommen, das sie mit großer Unruhe betrieb. Einer Minderheit anzugehören, war aus ihrer Sicht in keiner Hinsicht erstrebenswert. Auf eine Minderheitenidentität stolz zu sein, scheint ihr bis heute ein »verdrehter« Gedanke. Sie war stolz auf eine besonders gute Einbauküche mit hochwertigen Geräten, die sie Nachbarn, Freunden und Verwandten präsentieren konnte. Das war handhabbarer als Identitätsfragen. Ich weiß nicht, warum, aber wir zogen ständig um. In angeblich immer bessere Wohnungen in den Siedlungen der Stadt. In den wechselnden Wohnzimmern meiner Kindheit und Jugend sprach ich mit meinem Vater Polnisch, Deutsch mit meiner Mutter, Polnisch aber war meine Muttersprache, in die sich bald schon ein deutlicher Akzent und interessante Grammatikfehler schlichen.

Wir kamen aus einem Osten, der sich als westlich empfand, der im kapitalistischen Ehrgeiz amerikanischer orientiert war als Deutschland. Einem Osten, der auf Eigentum und Familie und auf Konsum setzte und nicht auf den Staat. Einem Osten, der dem russischen Imperium abgeneigt war, diesem dunklen Reich, das die Deutschen so mögen und mit dem die Polen immerhin einige Eigenarten und Speisen teilten: die Melancholie und den Borschtsch, die Herzenswärme und die Piroggen, die Feierlaune und den Wodka, die Kompliziertheit der Sprache und die Erzähllust. Auch wir entstammten dem einst riesigen, weit in den Westen ragenden Sowjetimperium. Als es so seltsam geräuschlos unterging, glaubten wir, wie so viele, dass alle Schlachten geschlagen waren und wir nur ein wenig abwarten müssten, bis der ganze Osten so westlich würde wie wir selbst.

3 Die Provinz

Wir hatten uns vom Osten und seiner Gewaltgeschichte befreit, und jetzt rückte er wieder an uns heran. Während ich an diesem Kapitel schreibe, attackiert Russland Kraftwerke in der Ukraine, bombardiert Zivilisten, schmeißt seine Soldaten als Kanonenfutter an die Front, und in den Zeitungen wird darüber spekuliert, ob Putin eine Atombombe zünden wird. Der Kanzler sprach Monate zuvor von einer Zeitenwende, und wie alle großartigen politischen Begriffe weckte er eine vage und gleichzeitig wuchtige Assoziation. Eine Epoche war endgültig abgeschlossen, die Jahre der Freiheit zwischen dem Zusammenbruch des Ostblocks 1989 und dem Überfall Russlands auf die Ukraine 2022. Immer wurde gerühmt, wie weitgehend friedlich sich der Zusammenbruch des Sowjetimperiums vollzogen hatte (von Jugoslawien einmal abgesehen). Nun schien es, als sei die Gewalt nur aufgeschoben worden, um gut drei Jahrzehnte später auszubrechen.

2022 war das Jahr, das dem Begriffsstutzigsten vor Augen führte, dass jede Hoffnung darauf, dass der Liberalismus tief im Osten verankert werden könnte, fürs Erste vergebens war. Man konnte nicht überrascht sein, und man war es doch, als die Panzer Richtung Kiew rollten wie einst nach Budapest oder nach Prag, und bald schon hörte man vermehrt Russisch und Ukrainisch auf den Straßen Berlins, der Stadt, in der ich heute lebe, die neuerdings auch von Flüchtlingen aus dem Osten bevölkert wird, von ukrainischen Hipstern, von Familien, von den Müttern mit ihren Kindern, die sich im Dschungel der deutschen Ämter zurechtfinden müssen, während ihre Männer an der Front kämpfen. Manche entkamen dem Bombardement, andere vielleicht nur der trüben Aussicht, noch lange im Einflussbereich der Russen zu leben. Wieder andere verließen das Land, um eine bessere Lebensperspektive zu haben. Ihr Schicksal war ungleich schrecklicher als unser Aufbruch in den Westen, und doch weckte es Erinnerungen.

Auf dem Gymnasium, auf das man mich 1986 schickte, teilte ich mit meinen Mitschülern bald schon wie selbstverständlich das Bewusstsein, in einem besonders langweiligen, besonders hässlichen, besonders spießbürgerlichen Ort zu leben, der auch noch in einem besonders unattraktiven Land lag, das von einem besonders unattraktiven und besonders dicken Kanzler regiert wurde, der gewählt worden war, um für immer zu bleiben. Man passt sich an. Man nimmt Ansichten an, die in der Gruppe, in der man verkehrt, mehrheitsfähig sind, und hält sich für originell. Jugendliche haben wenig Gespür für Selbstbetrug. Eine spöttische Grundhaltung zu diesem Land gehörte zur pubertären Grundausstattung. Es ist so viel einfacher, zu sagen, was alle sagen. Und am Ende sogar zu glauben, was man so sagt. Mit Kinderaugen war Niemcy ein Paradies, mit der ersten Akne ein Problem.

Nun war, bei Lichte betrachtet, tatsächlich nicht alles schön. Der zentrale Platz in Koblenz, im Krieg zerstört, hieß so schmucklos wie passend Zentralplatz. Einst standen hier Fachwerkhäuser. Die Nachkriegshässlichkeit schien eher erstaunlich als bedrückend. Eine Wüste aus Beton, als einziges Gebäude das fast fensterlose, bunkerartige Kaufhaus Quelle mit seinen Nagelfluh-Platten als Fassade. Hauptstraßen verliefen um den quadratischen Platz, man erreichte ihn in der autogerechten Stadt zu Fuß durch eine Unterführung. Nur von Ferne war die moderne Eleganz zu erahnen, die den Stadtplanern einst vor Augen gestanden haben mochte. Busse verbanden die Innenstadt von hier aus mit den eingemeindeten Dörfern. Nur vereinzelt standen Bäume. Es gab ein eigentümliches Hobby, dem sich an zwei Stellen des weitläufigen Platzes ältere Herren hingaben: dem Bodenschachspiel. Zwei Spieler bewegten übergroße Holzfiguren auf dem schwarzweiß bemalten Asphalt umher, eine Handvoll Zuschauer schaute regungslos und schweigsam über Stunden zu, so wie im Süden das Publikum beim Boule-Spiel der alten Männer.

Koblenz war eine typische mittelgroße deutsche Stadt, die wie Augsburg, Nürnberg oder Kiel sichtbare Narben des Zweiten Weltkriegs trug. Teilweise hatte man rekonstruiert, was gründlich zerbombt worden war. Aber das Stadtbild prägte vielerorts die betonlastige Moderne der sechziger Jahre: die breiten Auf- und Abfahrten der Autobahn, die traurigen Siedlungen am Stadtrand mit ihren wie versehentlich errichteten Hochhäusern, die wie kranke Zähne aus der Landschaft ragten.

Noch sah man alte Bein- oder Armprothesenträger, die in die Sanitätsgeschäfte oder orthopädischen Werkstätten der Stadt hinein- und wieder heraushumpelten. Die Brachflächen, die der Krieg hinterlassen hatte, dienten als Parkplätze. Eigentümlich nutzlos erschienen die alten Festungsanlagen an den Rheinhängen, jene von den Preußen erbauten Forts und Zitadellen, mit denen man einst den gefürchteten Angriffen der Franzosen trotzen wollte. Als Grundschüler spazierte ich manchmal hinauf auf die über einem Steilhang gelegene, playmobilhaft monumentale Festung Ehrenbreitstein und sah hinab auf die winzigen Häuser der Stadt, wärmte mich an dunklen Winternachmittagen am Anblick des Lichtermeers im Tal. Auf dem Festungsgelände war eine Nische ins Gemäuer geschlagen, darinnen lag, feierlich beleuchtet, ein toter deutscher Soldat aus Stein, an der Wand ein Kranz und die schon damals ein klein wenig aus der Zeit gefallene Inschrift »Den Toten des deutschen Heeres«.

Wenn man von der Festung auf das gegenüberliegende Rheinufer blickte, sah man die ältesten und die ärmsten Straßen der Stadt. In den nah am Fluss gebauten alten Häusern mit den sagenhaft niedrigen Mieten lebten die Türken, einige Althippies und ein paar Handwerker. Alle paar Jahre, wenn der Rhein über die Ufer trat, hatten sie Wasser in ihren Kellern, manchmal auch in ihren Wohnzimmern. Dann sah man die Straßen in der Tagesschau, die immer von Dagmar Berghoff moderiert wurde.

Ich erinnere mich an das Farbmuster der Murmeln, mit denen ich am Rhein spielte. Einmal fand ich im Ufersand eine völlig verwitterte römische Münze, die leider nichts wert war. Hier, im Hochwasserviertel, lag die nach einem Widerstandskämpfer benannte Willi-Graf-Grundschule, hier lernte ich mit sechs Jahren Deutsch, die anderen Kinder sprachen es ja auch, und irgendwas musste während, nach und vor dem Unterricht ja immer gesagt werden. Im Westen signalisierten die Gedenktafeln, die Prothesenträger und die Mahnmale, die Straßen- und die Schulnamen sowie die eilig errichteten Nachkriegsbauten, dass kriegerische Zeiten in einer fernen Vergangenheit lagen. Doch wenn man aus Polen kam und für Besuche in der alten Heimat wieder die hoch gesicherte Grenze passierte, ahnte man schon als Kind, dass der Krieg nur eingefroren war.

Ich war unmusikalisch. Das Xylophon mochte mich nicht, und ich mochte das Xylophon nicht. Aber wir mussten im Musikraum der Willi-Graf-Grundschule mit unseren Holzstöcken im Takt darauf herumschlagen, um Noten zu lernen. Pling-plong, pling-plong, pling-pling. Die Lehrerin, eine hagere, ältere Dame mit ganz weißen Haaren, war robusteren Zuschnitts. Sie schlug noch zu. Allerdings nicht mit kühl geplantem Sadismus, sondern aus tief empfundener, echter Empörung. Sie schrie, wenn ihr jemand falsch nachspielte, und ganz selten schlug sie mit ihren eigenen Holzstöcken auf die falsch spielenden Kinderhände. Da die Stöckchen einen weißen Filzkopf hatten, war niemand ernsthaft gefährdet, und in den allermeisten Fällen gelang es ihr nicht einmal, die dilettantische Hand zu erwischen. Sie war unausgeglichen, sie war Opfer ihrer Leidenschaften, sie hatte zu viele Jahrzehnte lang Fehler gehört, immer den gleichen Missklang. Es war hoffnungslos. Vielleicht hatte sie vergessen, dass es regelmäßig neue Kinder waren, die sich an den Instrumenten versuchten, und nicht über Jahrzehnte dieselben, die es immer noch nicht konnten.

Yildiray und Asim, Nevzat und Aysun wurden allerdings wie zufällig deutlich häufiger des Falschspielens überführt als Volker, Heiko, Adam, Michi und Sandra. Dabei spielten alle gleich miserabel. Und auf dem Schulhof wurde ja auch wahllos aufeinander eingeprügelt, sich wahllos versöhnt, sich wahllos neu verbündet bis zum nächsten Streit. Weder war ich der Polacke, noch waren die Türken Kanacken. Kinder sind brutal, aber sie haben keinen Sinn für Rassismus. Den muss man schon fördern. So wie man Benachteiligungen mindern kann durch Förderung. Aber dafür war das Land, das sich damals nicht als Einwanderungsland verstand, noch lange nicht bereit. Schon nach der vierten Klasse wurden die deutschen und die polnischen Kinder von den türkischen getrennt. Die einen landeten zumeist auf einem der Gymnasien im Zentrum der Stadt, die anderen häufig auf der Hauptschule ihres Viertels. Je älter ich wurde, umso blonder, hellhäutiger und einheitlicher wurde mein Umfeld. Das Schulsystem förderte die Hierarchisierung der Einwanderergruppen. Das war so selbstverständlich, es war nicht einmal der Rede wert. Es war keine Mikroaggression am Werk, hier passte tatsächlich der mittlerweile so modisch gewordene Begriff vom strukturellen Rassismus.

Vom Balkon aus beobachtete ich später, während meiner Gymnasialzeit, manchmal die sogenannten Gastarbeiter auf dem Weg zu ihrer Schicht im Stabilus-Werk, die plaudernden Frauen mit ihren Kopftüchern, die früh gealterten Männer mit schweigendem, schwerem Gang. Viel ist mir zu ihnen wohl nicht eingefallen, sie waren in der Stadt ein nicht weiter beachtetes Ornament. Und so betrachtete ich sie auch, mit vager Sympathie, vor allem aber mit Desinteresse, denn man passt sich ja an.

In Koblenz am Rhein waren wir an den Ort der Romantik schlechthin geraten, ohne uns dessen bewusst zu sein. Während der sonntäglichen Familienausflüge konnte man die Rüstigkeit der bereits alternden Republik besichtigen: Noch war das

Draußen-nur-Kännchen ebenso Praxis wie das literweise konsumierte Pils. Deutschlandflaggen wehten an Ausflugsschiffen, auf denen alteingesessene Senioren und asiatische Touristen saßen, die begeistert auf die deutsche Landschaft zeigten. In den Lokalen am Rhein und an der Mosel servierten korpulente Kellnerinnen durch die Nikotinschwaden hindurch Nahrhaftes aus Bratpfannen, während man in anderen Weltteilen bereits das androgyn Schlanke und die Asketen verehrte.

Nicht so in Koblenz. Hier gab es keine Jogger und kein Yoga. Hier gab es noch lange über die Verfallszeit hinaus verqualmte Eckkneipen mit Herrengedecken, Häkeldeckchen und prachtvolle Männerbäuche; es gab noch *working class heroes*, obwohl die niedere Beamtenschaft dominierte; es gab fettselige Pommesbuden und mit farbenfrohen Plastikblumen ausstaffierte Eissalons. Es gab Cappuccino mit hohem Sahnegebirge. Es gab regelrechte Honoratioren und Stadtteilberühmtheiten mit ihren hervorgehobenen Familien: die Bäckerin, den Pfarrer, den Fahrlehrer, den Metzger, die Friseuse. Sogar das schwergewichtige Brigittchen, die schon recht alte Prostituierte vom Goldenen Stern, kannte ausnahmslos jeder, auch die Kinder. Es waren normierte Figuren in statischen und überschaubaren Zusammenhängen, wie es sie damals in jeder mittelgroßen Stadt gab und deren Milieu vor einiger Zeit der Soziologe Andreas Reckwitz so präzise analysiert hat, nämlich als standardisierte Mitte, die uns Jungen bald nur noch als lächerlich galt, als hoffnungslos veraltet. Sie wurde verspottet wie der gehäkelte Klopapierhut im Auto, wie der röhrende Hirsch auf Gemälden von Großeltern, wie die weißen Socken zu Herrensandalen, wie Helmut und Hannelore Kohl am Wolfgangsee, wie Robert Lembke mit seiner Sparschwein-Sendung. Aber noch waren die Insignien deutscher Gemütlichkeit nicht ausschließlich Klischee. Sie waren noch nicht vollends entwertet, sondern allerorts zu besichtigen.

Ebenfalls noch selbstverständlich, noch nicht ganz der Satire preisgegeben: der sonntägliche Gang zur Kirche, der Religions- und Kommunionunterricht, Weihrauchduft, Messdiener, Hausbesuche von Pfarrern. Nicht nur christliche Begräbnisse, sondern noch Taufen. Die christlichen Rituale wirkten damals schon etwas unzeitgemäß, jedenfalls aus Sicht der Jüngeren, aber sie lebten noch selbstzweckhaft fort. Sonntags lichteten sich die Reihen, worauf die Kirche mit peinlichen Auflockerungsversuchen reagierte, mit Gitarrenpop während der Messe statt mit Chorälen und mit demonstrativem Schwung in den Predigten. Am Ende eines derart modernisierten Gottesdienstes wurden die Herren der Gemeinde wie eh und je zum Frühschoppen in die Kneipe gebeten, damit die Frauen in Ruhe den Braten zubereiten konnten.

4 Die Romantik

Die Literatur zur hügelig-majestätischen Landschaft, die im Zug zwischen Koblenz und Mainz noch heute unheimlich wirkt, vor allem, wenn der Nebel frühmorgens aufsteigt wie aus einem Grab, lasen wir im Gymnasium. Heinrich Heines »Lore-Ley«, dieses kleine, ironische Gedicht auf die Romantik, wurde sogar von Heino gesungen und erklang in Schülerohren so albern, wie es auch einst gemeint war: »Ich weiß nicht, was soll es bedeuten, / dass ich so traurig bin; / ein Märchen aus alten Zeiten, / das kommt mir nicht aus dem Sinn.«

Wir lernten: Der schroffe Felsen, auf dem sich eine junge Frau so unwiderstehlich gedankenverloren die Haare kämmt, dass alle Schiffer die Kontrolle über ihr Boot verlieren, war kein Stoff des Mittelalters, er stammte nicht aus »alten Zeiten«, sondern aus dem romantischen, dem operettenhaften 19. Jahrhundert, das eine fast kuriose Liebe zu Burgruinen hegte, zu verschlungen angelegten Wanderpfaden, landschaftlicher Melancholie und posthornlautem Fernweh. Die angeblich so alten Sagen waren eine Erfindung, die inszenierte Landschaft sollte am Vorabend der Industrialisierung besonders natürlich wirken und damit dem kalten Buchstaben der Franzosen die so tiefen Gefühle der Deutschen entgegensetzen. Und wo es keine Ruinen gab, da wurden kurzerhand welche errichtet.

Eine bedeutsame Ruine stand in meiner Kindheit genau dort, wo Rhein und Mosel ineinanderfließen. Ich kraxelte mit meinem fünf Jahre jüngeren Bruder manchmal auf einem wuchtigen, bestürzend hässlichen Sockel herum: Das preußische Denkmal aus dem späten 19. Jahrhundert, das hier einst stand, war im Zweiten Weltkrieg weggebombt worden. Zu meiner Gymnasialzeit sollte ein wohlhabender Privatmann auf den Gedanken kommen, das selbst nach laxen Maßstäben misslungene Reiterstandbild am Deutschen Eck wieder zu errichten. Viele Koblenzer waren begeistert. Und tatsächlich schwebte drei Jahre nach der Wiedervereinigung der finster dreinschauende Wilhelm I. über der Landzunge an Rhein und Mosel, gehalten in der Luft von einem gewaltigen Kran, der ihn langsam, aber sicher auf den Sockel meiner Kindheit platzierte. Seither steht also, wie Kurt Tucholsky die Figur einmal nannte, der »Faustschlag aus Stein« wieder da. Der Kaiser reitet wieder auf seinem »gigantischen Tortenaufsatz«.

Hier und da gab es auch elegant Verspieltes, verträumt Schönes zu besichtigen. Das ebenfalls von den

Preußen erst vor zweihundert Jahren auf mittelalterlichen Ruinen erbaute Schloss Stolzenfels mit seiner erhabenen Aussicht, von dem wir Schüler zunächst ebenfalls meinten, es stamme aus sehr alten Zeiten. Das eben war die Absicht dieser Theaterkulisse, vor der wir lebten, ein Trick mit der Zeit, der manchmal ganz gut gelang.

Auch wir, die Heranwachsenden, standen in einer romantischen Tradition. Wir teilten zwar nicht den romantischen Patriotismus, aber den Lockruf der Ferne; den Freiheitsdrang, der jede lokale Begrenzung sprengt; den Glauben an die individuelle Entfaltung und Verfeinerung des Individuums; die Hoffnung, die jugendliche Sinnsuche verstetigen zu können. Es liefen Pop, Grunge, Punk, Metal, schließlich Techno, und man musste sich auch als unmusikalischer Mensch irgendwie entscheiden. Ich hörte R.E.M., das war nichts für extravagante Kenner, die einen hätten entlarven können, aber auch nicht völlig peinlich. Alternative Lebensstile waren in der Provinzstadt noch einer Minderheit vorbehalten, was ihnen Energie verlieh. Und es dauerte nur noch ein gutes Jahrzehnt, bis auch die letzte Verwaltungsfachangestellte ihr Steißbeintattoo als Ausweis der Unkonventionalität trug.

Wir wuchsen im Fahrtwind der westdeutschen 68er auf, mit der Geringschätzung des Althergebrachten und Etablierten, des Vorhersehbaren und des Standardisierten, des Provinziellen und des Nationalen. Der Geist war schon lange aus der Flasche, und eine Revolte wäre zu aufwendig und auch unnötig gewesen. Es ging um Konsumentscheidungen für das Einzigartige, für passgenaue Klamotten, Reisen, Studienfächer und Frisuren. Die neue Beweglichkeit des Lebensstils zerlegte alte Familienbetriebe gründlicher, als es eine sozialistische Revolution vermocht hätte. Vielleicht waren die Achtziger das letzte Jahrzehnt, in dem eine biedermeierliche Gesetztheit noch eine kleine Herausforderung war für die Freiheit, die Vereinzelung, die Leere, die Offenheit, die Schutzlosigkeit, die Traurigkeit, die Fülle, die Großartigkeit des Individuums, egal wie krumm und schief es in Wirklichkeit war. Es gab den Metzgermeister und das Brigittchen, aber wir entschieden uns für Falco, Madonna, Pac-Man, MacBook, Radiohead, für ein Langzeitstudium, für das Auslandssemester in England und die Altbau-WG.

Die Werbung spiegelte die sich anbahnende Zerrissenheit. Hausfrauen tunkten ihre Hände in Palmolive, sie servierten der immer vierköpfigen Familie Mirácoli oder die Heiße Tasse von Unox. Aber es saß da auch schon die Nescafé trinkende Karrieristin vor dem Rechner, die niemandem mehr diente, nur noch sich selbst. Es flog die Geschäftsfrau mit dem Aktenkoffer um den Globus, deren Mähne Drei Wetter Taft zusammenhielt. Dagegen war der freundliche Vertreter von der Hamburg-Mannheimer Versicherung, Herr Kaiser, noch die Inkarnation lokaler Nüchternheit. Sein Gegenspieler, der graumeliert-bildungsbürgerliche Alkoholiker, schwenkte weltläufig seinen Asbach Uralt. In den Clips ging es noch um einen angemessenen Lebensstandard für alle, aber immer häufiger um eine spezielle Lebensqualität, um die Selbstverwirklichung des Einzelnen. Zwar lag es noch außerhalb der Vorstellungskraft, dass ein Türke oder eine Schwarze, ein Schwuler oder eine Lesbe die Milchschnitte oder den Audi 80 anpreisen. Aber es war nur eine Frage der Zeit. Heute gibt es kaum eine Werbung, die nicht auf Vielfalt setzt. Der gesellschaftliche Erfolg von Emanzipation zeigt sich zuverlässig an ihrer Verwertbarkeit.

Als die Mauer fiel und das Land auf die Wiedervereinigung zusteuerte, hatten die Schüler wirklich andere Sorgen: den ersten, heillos missglückten Sex, fünfmarkstückgroße Pickel, die ersten Tage, die ersten Saufgelage, den ersten Haschisch, blöd grinsend am Rhein, mit glasigem Blick den Ausflugsschiffen folgend. Auch die Erwachsenen hatten Besseres zu tun, als sich mit diesem Weltereignis zu beschäftigen. Sie taten schlicht so, als sei nichts Besonderes passiert. Die großen und passionierten Reden passten weder zur satten Volks-und-Raiffeisenbank-Gemütlichkeit der Alten noch zum romantischen, postnationalen Aufbruch der Jüngeren. Viele der Jüngeren besiedelten Ostberlin, genossen die morbide Unordnung des untergegangenen Staates. Sie saßen mit ihrem Bier in Hinterhöfen oder in den Baulücken des Krieges wie die alten Romantiker vor Burgruinen. Sie waren rabiat in ihrer Beseitigung der Einheimischen aus dem Stadtbild, aber so unschuldig in ihrer Gesinnung. Sie genossen die noch unfertige Kapitalisierung der Stadt und kapitalisierten sie. Aber mit den Ostdeutschen selbst, den Trägern des Umsturzes, wie sie nun zu besichtigen waren, diesen Schnauzbart-, Dauerwellen- und Jeansanzugträgern mit ihrer D-Mark-Freude, ihren Plastiktüten, ihrem Wir-sind-ein-Volk-Patriotismus und Deutschlandflaggen konnten sie dann doch sehr wenig anfangen.

Wir schon. Meine Eltern erkannten in den biederen Gesichtern des aufmüpfigen Volkes sich selbst. Sie spiegelten ihren eigenen kleinbürgerlichen Aufstieg, ihren Stolz und ihren Mut zu einem Neuanfang. Sie fühlten sich bestätigt und reingelegt zugleich. Bestätigt, weil die Perspektivlosigkeit des Ostens, den sie erlebt hatten, nun durch die Geschichte beglaubigt wurde. Reingelegt, weil es nur acht Jahre waren, die sie hätten ausharren müssen, um den Zusammenbruch vor Ort zu erleben, statt auszuwandern. Wir saßen monatelang vor dem Fernseher, bangend und mitfiebernd. Auch mit den Politikern, die in einer unpathetischen Zeit pathetisch sein mussten. Das Ungelenke hatte etwas Beruhigendes: Der Triumph ging ihnen gründlich ab. Die großen Worte fielen in eine Zeit, die allem Großen längst abgeschworen hatte.

Wir haben nicht recht verstanden, weshalb die deutsche Einheit bei so vielen eher unbeliebt war. Ich erinnere mich auch nur vage, dass sie in der Schule zum Thema gemacht wurde, und wenn, dann vor allem mit Bedenken und mit der Beschwörung einer Gefahr. Es gab keine Neugierde auf die da drüben, weder auf die Ostdeutschen noch auf die Tschechen, die

Ungarn oder die Polen. Gorbatschow galt als Übervater der Wende, man konzentrierte sich wie eh und je auf die Russen. Die wilden Streiks in meinem Heimatland hingegen, der polnische Papst, der Runde Tisch, der ein halbes Jahr vor dem Fall der Mauer die Demokratisierung einleitete, schienen nur Nebenaspekte der Revolution zu sein, etwas für die Feinschmecker unter den Beobachtern des Zeitgeschehens. Polen taugte damals für Witze über die notorische Autoklauerei, aber zu einem kulturellen Austausch wie einst mit Frankreich kam es nicht. Man kennt heute Sartre und nicht Czesław Miłosz, Flaubert und nicht Bolesław Prus, Françoise Sagan und nicht Wisława Szymborska.

Noch bevor Neugierde auf den Osten Europas entstehen konnte, erstrahlte die westdeutsche Angst vor einer Wirtschaftskrise und einem neuen Nationalismus. Und bei den Ostdeutschen herrschte plötzlich die Sorge, dass es nicht ganz so schnell gehen könnte mit dem Aufschwung ihrer Landstriche. Ich selbst war gefangen vom Augenblick, von den Bildern der aufgerissenen Mauer und den fassungslosen Augen der DDR-Grenzer, die sonst, wann immer wir nach Polen in den Urlaub fuhren, mit eisernen, überheblichen, feindseligen Mienen unsere Pässe prüften.

Es zeigte sich erst viele Jahre später deutlich, dass der Osten nicht so gut wie erhofft ins Individualisierungsprogramm des Westens passte. Man war mit vermeintlich Gestrigem, Miefigem, mit wieder Standardisiertem konfrontiert, worauf doch viele gern verzichtet hätten. Im Westen laborierte man an der Überwindung der Geschlechtergrenzen, der Nation, der Kleiderordnung und des generischen Maskulinums, doch je weiter man in den europäischen Osten kam, desto lebhafter wurden der Patriotismus, das Patriarchat, die Kleinfamilie gerühmt. Was die einen als Fortschritt begriffen, empfanden die anderen als schwere Verirrung. Wähnten sich die Polen während des Sozialismus in einem unnormalen, verrückt-unfreien Land, so galt ihnen der Westen als ein Hort der Freiheit und Normalität. Man war der Meinung, dass dort noch Traditionen gepflegt würden, dass die klassische Familie und der Nationalstaat gerühmt und dass an Gott geglaubt werde. Man wollte Demokratie und Kapitalismus, aber man handelte sich zugleich ein postnationales, auf multikulturelle und sexuelle Vielfalt gepoltes Weltbild ein. So hat jedenfalls der bulgarische Soziologe Ivan Krastev den in den letzten Jahren zwischen West- und Osteuropa gewachsenen Konflikt beschrieben. Vom Westen besehen erscheint der Osten heute als Hort des Populismus, vom Osten aus besehen hat der Westen seine bürgerlichen Ideale verraten. Und dass er Länder wie die Ukraine oder Georgien, die ebenfalls vom Einfluss Russlands wegstrebten, nicht frühzeitig an sich band und sie schützte, sondern zunächst den geopolitischen Interessen des Kremls entgegenkam, erinnerte die Polen an ihren eigenen, einst vom Westen so misstrauisch beäugten Aufbruch.

Bereits Anfang der neunziger Jahre war der unmittelbare Zauber des Mauerfalls Vergangenheit. Einen Videoclip, der den Umschwung zur allgemeinen Verdrossenheit illustriert, kann man sich im Netz anschauen: Als Helmut Kohl nur wenige Monate nach der Wiedervereinigung Halle besuchte, wurde er auf dem Marktplatz mit Eiern beworfen. Er rannte mit einem ganz unerwarteten Elan, mit einer Energie, die nur ein heiliger Zorn zu entfachen vermag, hinein in die Menge, um der Eierwerfer im Handgemenge habhaft zu werden. Hier war innerhalb weniger Sekunden die große Politik zur burlesken Dorfszene geschrumpft, zum Nahkampf eines schon über Sechzigjährigen mit der empörten Masse. Und für einen kleinen Moment hatte dieser besonders dicke Kanzler, diese Witzfigur meiner Jugend, meine heimliche Sympathie, wegen dieser riskanten Schutzlosigkeit, die jeder zeigt, der aus der Haut fährt. Wegen des Muts, sich in eine Peinlichkeit hineinzurangeln.

Im Radio liefen damals »Like a Prayer« von Madonna, »The Look« von Roxette und manchmal auch noch diese Gruselhymne von den Scorpions namens »Wind of Change«.

5 Die Kartoffeln

Ich war einst gefangen vom Augenblick des Mauerfalls. Und im Februar 2022, als die Epoche, die 1989 begonnen hatte, endgültig an ihr Ende gelangte, saß ich wieder ähnlich gebannt vor dem Fernseher. Wir gewöhnen uns an Ungeheuerlichkeiten, an Nachrichten, in denen von Folter und von Vergewaltigungen die Rede ist, von der Verwüstung ganzer Landstriche, von dem Umherirren heimatlos gewordener Flüchtlinge. Wir gewöhnen uns an das ausschweifende Erklären von Frontverläufen, Waffengattungen und militärtaktischen Coups. Wir gewöhnen uns an die Propagandalügen russischer Politiker, an ihren ungefilterten Hass. Wir gewöhnen uns daran, Panzer zu liefern und Haubitzen und Abwehrraketen. Wir gewöhnen uns an die Notwendigkeit, wieder einen Feind abzuschrecken wie in Zeiten des Kalten Krieges. Und doch haftete diesem Überfall, aller Gewöhnung zum Trotz, etwas Surreales, etwas Unwirkliches an. Es lag für viele schlicht außerhalb der Vorstellungskraft, dass der Osten wieder so bedrohlich werden könnte wie zuletzt in den achtziger Jahren. So wie es damals vielen unvorstellbar schien, dass ein Zusammenbruch des Ostens friedlich vonstattengehen könnte.

In den achtziger Jahren fuhren wir im Sommer häufig nach Polen, quer durch die BRD, dann durch die DDR auf ihren maroden Autobahnen. Es war eine Reise in die ganz tiefe Vergangenheit, ins dörfliche 19. Jahrhundert. Die grauen, halb verfallenen Häuser der Dörfer und Städte, während wir in einem roten Citroën über das Kopfsteinpflaster der polnischen Provinz fuhren. Dürre Kinder in verblichenen Kleidern umzingelten das Auto und bettelten, sobald es an einer der wenigen roten Ampeln stand. Manchmal wehte ein beißender Fäulnisgeruch ins Wageninnere, von irgendeiner Fabrik ohne Filteranlagen. Unvorstellbar, dass hier Menschen lebten, aber sie lebten hier. Sie schienen sich an den Gestank und die Gifte gewöhnt zu haben. Die schwarzen Auspuffwolken der Laster vor uns. An den Fensterscheiben der Häuser vergilbte Spitzengardinen, als hätten sie die bürgerliche Epoche versehentlich überdauert. Schlaglöcher und endlose Alleen, lichte Kiefernwälder, Pferdewagen und Anhalter. Unasphaltierte Wege, am Straßenrand die ausgemergelten Rentner mit Obst- und Gemüsekörben, die Weizenfelder, das Gefühl, im Nirgendwo unterwegs zu sein.

Nach vielen Stunden schließlich die Ankunft in dem verschlafenen, einst preußischen Dorf, unweit von Ostróda gelegen, dem einstigen Osterode. Eine

Katze, die von einer Mauer sprang, ein Besoffener, der torkelnd die Straße überquerte, am Hauptplatz der vergitterte Kiosk der Staatsfirma Ruch. Die unterdrückte Aufregung im Wagen, als wir schließlich auf das kleine, zweistöckige Gebäude zusteuerten, in dem drei alte Paare wohnten, darunter meine Großeltern. Wir wussten, dass sich auch alle anderen Mitglieder der zurückgebliebenen Familie meines Vaters eingefunden hatten, sein Bruder, seine zwei Schwestern mit ihren Männern, deren Kinder. Im häuslichen Zentrum jedes Patriarchats steht die Frau, und unsere kleine, korpulente *babcia* stand breitbeinig vor dem Haus, küsste uns hektisch ab, zog uns mit erstaunlicher Kraft an die kittelbespannte Brust, und ihre Freude über das Wiedersehen verstärkte sie durch lautes Weinen und einen entrückten Blick in den wolkenfreien Himmel unter »Jesus«-Rufen. Nach der überschwänglichen Küsserei umrundeten die Männer das Auto, streckten die Bäuche aus und fachsimpelten.

Abends wurden die Erwachsenen laut und enthemmt, und sie tranken nicht wie in Deutschland Bier, sondern den wasserklaren Wódka Wyborowa des Staatskonzerns Polmos aus ganz kleinen Gläsern. Und sie sprachen Polnisch, die Sprache, die jedes Mal aufs Neue wiedererweckt werden musste, denn man vergisst so schnell, wenn man sich anpasst. Das endlose Gerede der Erwachsenen in dieser mir schon entschwindenden Sprache ließ mich auf der vom Esstisch ein paar Meter entfernten Couch langsam, aber sicher einschlafen. Nichts war beruhigender, nichts strömte mehr Geborgenheit aus als die so nahe, sich entfernende Feier mit all ihren Begleiterscheinungen, dem lauten Zuprosten, dem hysterischen Gelächter, dem Schluchzen einer Tante, deren Gedanken sich im Rausch ins Melodramatische verengt hatten.

Nachts das pochende Herz der Angst, wenn man hinaus zum Plumpsklo musste. Quer über den Hof, am roten Citroën vorbei zu den drei Holzhütten. Jede Familie hatte eine. Die Geräusche des Dorfs unter bestirntem Himmel: das Zirpen von Insekten, das Rascheln der Gräser im Wind, ein Grunzen, vielleicht das eines Schweins, und natürlich die Schritte der Gespenster, das Fußscharren der Hexe, der Baba Jaga mit ihrer Fratze, und der ganz leise Atem des Mörders, der mit einer Axt hinter der Holztür stand und zuschlug, sobald man sie aufriss. Dass ausnahmsweise nichts geschah, machte nur wahrscheinlicher, dass es in der nächsten Nacht so weit sein würde. Toilettenpapier gab es keins, dafür die von niemandem gelesenen, gestapelten Parteizeitungen neben dem in die Holzplatte gefrästen Loch, auf das man sich setzen musste und in das man immer ein bisschen fürchtete hineinzufallen. Es war tatsächlich nicht ungefährlich in der Nacht, aber der Mond, wenn man die marode Holztür offen ließ, spendete etwas Licht.

Es waren Reisen in die Kinderzeit meiner Eltern. Auf dem Land war es dem fortschrittseligen Sozialismus gelungen, vor allem den Stillstand zu perfektionieren. Das einzige Telefon befand sich auf der Poststelle. Dort musste man Anrufe ins Ausland Tage vorher anmelden. Wenn es endlich so weit war, stöpselte der Postangestellte lange an einer kleinen Schalttafel herum, reichte schließlich den Hörer über den Tresen und wir verstanden durch ein magisches Rauschen und Geknarze hindurch ganz leise die Stimmen aus unserer neuen Heimat, ein wenig so, als hätten wir durch technisches Wunderwerk eine andere Galaxie erreicht oder ein Zombiereich, so dass sich nicht sagen ließ, ob Lebende oder Tote spärliche Botschaften übermittelten. Die Verbindung hielt nie lange, die Moderne hatte in der Provinz immer nur ein kurzes Gastspiel.

Zwischen Polen und Deutschland wurde selten telefoniert. Meist nur, wenn etwas Außergewöhnliches geschehen war, wenn jemand aus der Familie im Sterben lag oder ein Kind zur Welt kam. Es war eine Ungeheuerlichkeit, sich auf dem Vorplatz des großmütterlichen Hauses nach Monaten des Schweigens leibhaftig zu sehen. Es war abstoßend, anziehend, überwältigend im Wortsinn. Dann aber: das überraschend schnelle Sich-Einfügen in die Nestwärme, in das beständige Küchengequatsche der Frauen am Tag, in die vorzeitliche, beängstigende Dunkelheit der Nacht, in der das frühe Bewusstsein der Vergänglichkeit von allem und jedem erwachte. Alles war im Haus meiner Großmutter darauf ausgerichtet, nur keinen Zweifel an Gottes Vorsehung zuzulassen, was den Zweifel erst recht befeuerte. Über dem Bett, in dem ich schlief, hing ein großes Jesusbild. Der langhaarige Messias schwebte im weißen Gewand und mit weit ausgebreiteten Armen im violett-blauen Himmel. Unter ihm eine unklare Landschaft, am Horizont die aufgehende Sonne. Wir alle würden ihm aus dem Jammertal ins Paradies folgen. Engel, klein und wohlgenährt, wiesen auf dem Gemälde den Weg. Auf der Kommode im Zimmer lagen Heiligenbildchen herum, darunter auch die Schwarze Madonna von Tschenstochau, diese seltsam entrückt blickende, tieftraurige Muttergottes. Maria und ihr Kind mit dunkler, fast schwarzer Hautfarbe. Auf ihrer rechten Wange tiefe Schnitte, eine Schmerzensfrau. Natürlich fanden sich auch Bilder vom polnischen Papst, der einen immer so gütig und listig zugleich anguckte, die Galionsfigur aller Antikommunisten. »Fürchtet euch nicht!«, hatte er während seines Polenbesuchs gesagt, und jeder wusste, dass das Bibelwort auch politisch gemeint war. So wie jeder Gottesdienstbesuch bereits ein politischer Akt war. Über der Tür, wie in den anderen Zimmern auch, hing ein Kruzifix.

Tagsüber fuhren Jugendliche und Rentner auf Mopeds umher, natürlich ohne Helm. Nur selten verirrte sich ein Auto in die Dorfstraßen. Dann rappelte, qualmte, quietschte und donnerte einer der Ostwagen über die Pflastersteine, als sei der Antichrist im Anmarsch mit Pech und Schwefel. Selbst die Motorisierung hatte es noch unglaublich schwer, ins Dorf durchzudringen. Man musste schon auf den abenteuerlichen, mit ungeheuren Schlaglöchern übersäten Straßen in die nächste Kreisstadt fahren, um einen

Funken Gegenwart, um überhaupt ein Zeitgefühl zu erhaschen.

Dort saßen wir dann, es muss 1986 gewesen sein, in einem neu eröffneten Restaurant. Es befand sich in einem kleinen Einkaufszentrum mit makellos gereinigten, aber trostlos leeren Geschäften. Es roch dort, so wie in allen öffentlichen Einrichtungen, nach Chlorreiniger. Im Osten war kaum etwas parfümiert, dafür vieles desinfiziert. Es roch allerorts nach Krankenhaus. Peinliche Sauberkeit war das Aufbäumen gegen den Verfall, der bereits den Neubauten eingeschrieben war.

Wir bestellten landestypische Gerichte, Schweineschnitzel und Bigos mit Salzkartoffeln als Beilage, und warteten. Wir warteten sehr lange. Die anderen Gäste auch. Irgendwann huschte die Kellnerin, die sich so lange nicht hatte blicken lassen, herbei, eine noch junge, recht nervöse Frau, und flüsterte in den Raum hinein, dass die Lieferung der Kartoffeln noch nicht eingetroffen sei. Man erwarte sie jeden Moment, aber natürlich lasse sich nicht genau sagen, wann. Daraufhin erhob sich umständlich ein älterer Gast vom Nebentisch. Er war betrunken, wankte leicht, hielt sich mit seiner Linken am Tisch fest und dozierte über den Zustand des Sozialismus im Allgemeinen. Er glitt schließlich ins Vulgäre ab und schrie triumphal: »Pierdolona komuna!«

Verfickter Kommunismus! Es war nicht auszumachen, wer mehr zu bemitleiden war – die Kellnerin, die erblasste und nichts weiter sagte, oder der entgleiste Gast, der sich, noch immer leicht zitternd vor Empörung, wieder setzte. Es war nur ein kurzer Moment, aber er hat sich mir eingeprägt. Dass man Mitte der achtziger Jahre vor aller Augen folgenlos über den Sozialismus fluchen konnte, zeigte seinen Verfall an. Wenn eine Diktatur die öffentliche Rede nicht mehr kontrollieren kann, ist sie dem Tode geweiht. Meine Mutter schätzte den Auftritt dieses Mannes trotzdem nicht. Sie verachtete den Sozialismus, aber wahrscheinlich verachtete sie noch mehr, wenn sich jemand danebenbenahm.

Der Schwarzmarkt in den Seitenstraßen, Geschäfte mit illegalen Waren, offenbar genauso toleriert wie das öffentliche Fluchen über die Kommunisten. Wer wollte, konnte allein diesen Umstand als nahendes Ende des Imperiums deuten: Ein kleiner Laden verkaufte Pop auf raubkopierten Musikkassetten. Tina Turner, Wham! und Modern Talking. Kurz darauf erklangen »Cheri, Cheri Lady« und »You're My Heart, You're My Soul« in der großmütterlichen Küche aus dem Rekorder, dem *magnetofon*. Eine sanfte Unterwanderung durch die westliche Massenkultur hatte im staatlich kontrollierten Radio und Fernsehen schon seit längerem stattgefunden. Nun erledigte die weit verbreitete Kopierware den Rest. Die selbst nach heutigen Maßstäben superqueeren Achtziger-Jahre-Figuren Boy George, George Michael oder Thomas Anders standen in greller Stilopposition zur Welt der Apparatschiks, der greisen Elite aus Politik, Militär, Wirtschaft und Geheimdienst. Für den so naheliegenden Gedanken, dass die gesellschaftliche Befreiung des Westens auch mit dem biederen, katholisch beseelten Antikommunismus in Konflikt geraten könnte, war es noch zu früh. Falco, Madonna und Pac-Man, die kapitalistische Superverfeinerung des Menschen, ein Leben außerhalb des real existierenden Jammertals, waren mit der Heiligen Familie auf Dauer nicht gut in Einklang zu bringen.

Die polnischen Sommer bildeten eine Parallelwelt zum Leben in der westdeutschen Provinz. Ich verdrängte den Urlaub auch immer schnell. Mit dem Osten ließ sich auf dem Schulhof nicht angeben. Und mir selbst, kaum war ich wieder am Rhein, war er ein bisschen peinlich. Der rustikalen Armut wegen, aber auch wegen des stürmischen Geherzes und der Freudentränen, des lauten Geschnatters bis in die Nacht, der Papstfolklore und der Rauchschwaden an einem mit Wodkaflaschen zugestellten Abendtisch. Ich war nicht nur in einem reichen und soliden, sondern auch einem ziemlich versachlichten Land angekommen, in einem Land, in dem die Menschen sich jedenfalls nicht ständig drücken und küssen, sich nicht ständig bekreuzigen und mit Weh- und Lustlauten den Himmel beschwören. In einem Land, in dem beim Abendessen Familien manchmal nur kauen und schweigen, als laste ein Menschheitsverbrechen auf ihnen.

Schweigen war im Osten keine Option, die Theatralik zu sehr ein Wesensmerkmal meiner Verwandten. Auf die Neigung, kleinste Probleme ins Dramatische zu überführen, ins Gestenreiche, und gute Nachrichten ins Fantastische, war in meiner polnischen Familie Verlass. Einmal waren wir angereist, weil mein Großvater einen Schlaganfall erlitten hatte. Das alte Kreiskrankenhaus, in dem ich ihn mit meinem Vater besuchte, war auf bizarre Weise marode. In den Gängen der Chlorgeruch des Ostens, ein zerbrochenes Fenster war mit einem Teppich abgedichtet worden, der Putz bröckelte in großen Stücken von den Wänden. Er lag reglos im Bett, abgemagert, hohlwangig, nur die Augen bewegten sich und fixierten uns abwechselnd. Ein elender und unerlöster Zustand. Neben seinem Bett stand nutzlos eine große, blaue, angerostete Sauerstoffflasche. Zwei Tage darauf starb er und wurde ins Dorf überführt, wo er, festlich eingekleidet, im Wohnzimmer aufgebahrt wurde, damit alle Abschied nehmen konnten. Während dieser Tage sah sich meine Großmutter nicht in der Lage, ihren dörflichen Zauberkünsten nachzugehen. Sie engagierte sich in der Kirche und übernahm mit Eifer die Leichenwaschung, ihre dörfliche Autorität speiste sich aber vor allem aus der etwas rätselhaften Begabung, verrenkte, verstauchte, geprellte Füße und Hände derart eindringlich und geschäftstüchtig zu massieren und zu kneten, dass sie augenblicklich verheilten.

Eine Woche nach dem Begräbnis offenbarte sie ihren Kindern und Enkelkindern eine unerhörte Begebenheit. Großvater, sagte sie, habe nach seinem Tod noch mehrmals auf sich aufmerksam gemacht. Sie sei in den letzten Nächten zum Beispiel aufgewacht, weil er im Wohnzimmer gestaubsaugt habe. Sie sei ins Wohnzimmer geeilt, wo er gut hörbar sein Werk verrichtete. Aber vergebens. Er sei, immer wenn sie die Tür aufriss, nicht mehr da gewesen. Interessanterweise schien die Erzählung niemand am Tisch für Einbildung oder einen Traum zu halten. Oder auch nur für unwahrscheinlich. Der putzfreudige Geist war eine völlig ernst zu nehmende Tatsache. Ein Wunder, ja, aber keines, das sonderlich kommentierungsbedürftig schien.

Die Irrationalität des Ostens konnte entspannt und beiläufig sein, aber auch drastischere Formen annehmen. Vor kurzem las ich einen Essay des Schriftstellers Milan Kundera. Mitte der achtziger Jahre beschrieb der tschechische Dissident seine große Abneigung gegen Dostojewski und dessen Charaktere, die zu überzogenen Gesten, melancholischer Tiefe und aggressiver Sentimentalität neigten. Gefühle seien in der slawischen Welt Werte an sich, sie seien Kriterien der Wahrheit, sie gälten als Rechtfertigungen für Verhaltensweisen, zum Beispiel für den Überfall auf ein anderes Land wie damals die Tschechoslowakei. Der Mensch, dessen Brust vor lyrischer Inbrunst schwelle, begehe Gräueltaten im Namen der Liebe. Nichts schien Kundera mehr zu verachten als die viel beschworene Seele des Ostens, vorzugsweise die der Russen. Der slawische Überschuss an Liebe sei mit dem Überschuss an Hass untrennbar verbunden.

Auf der Rückfahrt war uns sinnloserweise über Stunden ein Trabant gefolgt. Jetzt standen wir unter den Wachtürmen der deutsch-deutschen Grenze. Die Grenzsoldaten leuchteten mit Taschenlampen in unsere Gesichter und glichen sie mit den Passbildern ab. Sie inspizierten mit gespenstisch ernsten Mienen den Kofferraum und entleerten ihn. Sie befahlen uns auszusteigen, beugten sich unter die Sitze und ließen uns schließlich grußlos weiterfahren.

Hinter der Grenze glitt der Citroën wieder über den glatten Asphalt. Die Auf- und Abfahrten, das sanfte, organische Einfädeln in den Verkehr. Die Schönheit des Funktionierens. Vorsprung durch Technik. Die Solidität der Audis und der BMWs, die uns fast lautlos überholten. Die Industriegelände und Einkaufstempel der Vorstädte von Hannover, Bielefeld und des Ruhrgebiets. Das bunte Leuchten von Schriftzügen. Während jeder Rückkehr das zufriedene Gefühl des ersten Ankommens: als hätte jemand einem Schwarzweißfilm die Farbe geschenkt.

6 Die Costa Brava

Irgendwann reisten wir nicht mehr nur nach Polen, sondern auch in den Süden. Unsere aus dicken, nach Ländern unterteilten Katalogen ausgesuchten Pauschalreisen. Mit dreizehn Jahren bestieg ich zum ersten Mal ein Flugzeug. Es gibt von diesem Urlaub in Tunesien ein Foto, das meinen Vater strahlend mit einer elegant bemusterten Schlange um den Hals zeigt. Ein Tunesier mit orientalischer Fantasiekleidung steht neben ihm, es muss irgendein Entertainment-Programm des Hotels gewesen sein, die Inszenierung einer Mutprobe. Es gab eine Bauchtanzvorführung, es gab das Meer und überall standen Ferienanlagen, manche als traurige Bauruinen.

Die nächste Stadt namens Sousse war fast zwanzig Kilometer von unserem Hotel entfernt. Mein Bruder und ich beschlossen, mit einem der altersschwachen Taxis dorthin zu gelangen. Der beleibte Fahrer nickte phlegmatisch, als wir uns reinsetzten. Aber dann raste er auf der staubigen Straße, als sei er auf der

Flucht. An den Straßenrändern lagen Unrat, abgewetzte Autoreifen, Stoffreste. In der Medina priesen Männer brüllend ihre Waren an, silberne und goldene Teller, bunte Teppiche, Schmuck. Wir kauften ratlos ein Souvenir, um irgendetwas zu kaufen, es war eine Schale mit Stadtmotiven, liefen verpeilt durch überfüllte Gassen, fotografierten uns vor einer Moschee. Wahrscheinlich würde man es heute als schwere Verletzung elterlicher Aufsichtspflicht auffassen, zwei Jungs von dreizehn und acht Jahren in das Taxi eines fremden Mannes zu lassen, damit er sie zu einem unbekannten Ort fährt. Aber so waren die Achtziger: Man hatte abstrakte Angst vor dem Atomschlag, dem Waldsterben, dem Ozonloch, den Sowjets, aber keine Furcht vor dem konkreten Menschen, dem Nachbarn, dem Passanten, dem Taxifahrer.

Zwei Sommer später ging es mit einem Pauschalreisebus nach Malgrat de Mar an der Costa Brava. Er fuhr quälend langsam durch Frankreich, auch wegen der mehrmaligen Pausen auf Autobahnrastplätzen, in denen Bockwürste an die damals ja tatsächlich noch ziemlich hässlichen Durchschnittsdeutschen mit ihren Vokuhilas, ihren Plauzen, ihrem Stolz aufs deutsche Bier und ihrer prolligen Gesangskunst verabreicht wurden. Die Mitreisenden waren dann bald schon am Strand und am Pool mit ihren traurigen Sonnenbränden und Sangria-Eimern zu besichtigen. Und das Hüftgold der deutschen Frauen und die grölende Sauferei der Männer …

Nein, so war es nicht. So erzählte ich es nur meinen Schulkameraden auf dem Gymnasium, die zum Unterschichtenspott neigten. Ich wollte ihnen ein wenig gefallen. Sie fuhren mit ihren Eltern ja immer zum vornehmen Wandern in die Alpen oder sie pilgerten in die Sixtinische Kapelle. In Wahrheit war natürlich nichts schlimm an unserer Pauschalreise. Im Gegenteil. Ich schwamm mit meinem Bruder im Meer und freute mich an jedem Morgen wahnsinnig, erneut ins Meer zu hüpfen oder über die Klippen zu wandern. Ich genoss wie meine Eltern auch die Hitze des Südens, die einem morgens Energie gab und schon mittags wieder nahm, was nicht schlimm war, weil man ja nicht lernen oder arbeiten musste, sondern nur am Strand herumlungern durfte oder in den Seitenstraßen eines etwas schlichten, aber nicht völlig reizlosen Touristenortes. Und mein Vater nahm dann alles auf einer Videokamera auf und man merkte ihm den wahnsinnigen Stolz an, seine Familie in den Urlaub nach Spanien gebracht zu haben, in die ganz weite Welt. Denn er kannte noch eine Zeit ohne Strom und ohne Fernseher und ohne fließendes Wasser, und er kannte den niederschmetternden Drill des kommunistischen Militärs, das sinnlose Putzen irgendwelcher Kasernenklos auf Knien, während die alten Offiziere dreckig und versoffen lachten, und er hatte die gezückten Waffen gesehen, weil er ein bisschen streikte, und er wusste, was es hieß, ausgebürgert zu werden wie der letzte Dreck, und das war noch nicht so lange her, und jetzt, nach unzähligen Nachtschichten in irgendwelchen Atomkraftwerken in Deutschland, ohne richtig Deutsch zu sprechen, aber mit deutschem Pass, saß er mit seiner Frau, die seine Gefühle vollkommen teilte, am Strand und sie bestellten sich Drinks, einfach so, und das war kein kleines, das war ein unbeschreibliches Glück.

Ich, der neue Deutsche, fuhr bald nur noch als romantischer Individualist durch die Gegend, in demonstrativer Abkehr vom Reiseverhalten meiner Eltern, mit dem Interrail-Ticket oder Billigflieger durch halb Europa, immer so, als sei ich kein Tourist, sondern nur wie ganz zufällig in eine für mich undurchsichtige Stadt geraten und als seien nicht so gut wie alle Ziele in Europa längst restlos verwertet und vernichtet worden durch Reisende wie mich.

Alle Reisen sind nostalgisch geworden, alle Orte schon mit Geschichten belegt, und alles Neue, das man entdecken könnte, ist einem mehr oder weniger auch von zu Hause vertraut. Westliche Städte verharren schon seit langem in ihrem Mythos, der Besucher erblickt die Wiederholung des Immergleichen, des schon erschöpfend in Bildbänden, Postkarten und im Netz Reproduzierten. Unentdecktem und Fremdartigem konnte man sich damals im ehemaligen Ostblock aussetzen. Dort geriet, wer wollte, in die unbehausten, halbverfallenen Paläste Krakaus oder Prags und konnte auf den Straßen noch den *homo sovieticus* besichtigen mit seinen quadratisch-braunen Apparatschikanzügen oder in Gestalt des fahlgesichtigen Arbeiters, dessen Fabriken gerade insolvent wurden, oder in Gestalt der bäuerlichen Mütterchen, die in Kittelschürzen auf Märkten ihr Obst anpriesen.

Aber kaum jemanden zog es nach 1989 in den Osten, in die sogenannten *Bloodlands,* auf das Schlachtfeld zwischen Russland und Deutschland, wo insgesamt vierzehn Millionen Menschen zwischen 1933 und 1945 ihr Leben verloren haben. Ich verstehe schon, dass sich die Neugierde in Grenzen hielt und man von der Kriegskunst der eigenen Großväter lieber abstrakt aus dem Schulbuch erfahren wollte, statt von ihnen selbst oder an den Orten ihrer Verbrechen.

Es muss Mitte der neunziger Jahre gewesen sein, dass ich mit einer Freundin für ein verlängertes Wochenende nach Warschau fuhr. Und kaum waren wir ausgestiegen in diesem einst von den Kommunisten unterirdisch angelegten Hauptbahnhof, der so finster aussah, als habe der Architekt unter allerschlimmsten Depressionen gelitten, da wurden wir sogleich von zwei Frauen bestürmt. Auch die wenigen anderen Touristen, die ausstiegen, wurden von Frauen bestürmt. Sie waren sehr verzweifelt und sehr eindringlich. Sie hatten improvisierte Broschüren in der Hand mit den Fotos ihrer beengten Wohnungen in einem Plattenbau und dem Zimmer, das sie uns darin vermieten wollten. Sie waren gepflegt, wie man in der Armut nur gepflegt sein kann, sie waren deutlich zu auffällig geschminkt, sie hatten lackierte Fingernägel und trugen bunte Sommerkleider. Sie waren durch den Zusammenbruch des Ostblocks heillos verarmt. Sie waren keine Prostituierten, aber sie prostituierten sich. Sie waren keine Bettlerinnen, aber sie bettelten. Aber wir hatten natürlich schon ein Hotel in der Altstadt reserviert, wir redeten uns irgendwie ganz schnell heraus und eilten mit unseren Rucksäcken davon. Es wäre unmöglich gewesen, sich in eine dieser Wohnungen einzumieten. Wir wären in die Peinlichkeit einer aus der Not erzwungenen Intimität geraten.

Wir checkten in eines der frisch renovierten Hotels ein und hatten ein Wochenende, das halbwegs den Standards einer westlichen Stadt entsprach. Wir entwerteten die Eigenarten des Landes, wir machten es mit unseren Ansprüchen zur Kolonie. Bald schon eröffnete ein Rossmann, und heute findet sich an jeder Ecke des Landes eine Filiale der deutschen Drogeriekette, wie überhaupt die Innenstädte mit den identischen Ladenlokalen den unseren derart gleichen, als gehörten Breslau oder Posen wieder zu Deutschland. Und so füllen sich mittlerweile die Städte schließlich doch mit ein paar Individualtouristen an, die auch in der Ferne nur Minimalabweichungen des Gewohnten ertragen.

Aber noch war es nicht so weit. Noch verströmte der Osten einen dunklen Zauber, der mir erst Jahre später durch einen Reiseessay des Publizisten Stephan Wackwitz plausibel wurde. Der Osten entpuppte sich ihm nach der Wende als Ort der erwachenden, sich emporkämpfenden Moderne, an dem sich das Dörfliche, das Verfallene, das Ärmliche zur Idylle verwandelte. Vergleichbar den noch schlaftrunkenen Dörfern der Toskana in den sechziger Jahren, die man vom reichen Norden kommend entdeckte. Die Idiotie des Landlebens zeigte sich mit einem Mal als poetische Unschuld, die Perspektivlosigkeit der Jungen als Müßiggang, die wettergegerbte Haut der Alten als Weisheit. Denn das Regime des Ostblocks hatte, anders als beabsichtigt, auf dem Land keine Rationalisierung des Alltags durchsetzen können und in den Städten verfielen die Betriebe. Der Rückstand wurde nun chaotisch nachgeholt. Im kapitalistischen Aufbruch aber erstrahlte das Überkommene. Der Sozialismus hatte das Bäuerliche, den Aberglauben, die Baba Jaga, die trinkfreudige Geselligkeit und die magischen Heilkünste der Großmütter konserviert. Und für ein paar Flatterjahre lebte die Magie der Vergangenheit noch fort.

7 Der Spaß

Der Ostblock war kollabiert, aber am Rhein bekam man davon so gut wie nichts mit. Die Dramen spielten sich in doch sehr fernen Städten wie Leipzig, Dresden oder Berlin ab. Sogar die Wiedervereinigung vollzog sich, aus großer Ferne betrachtet, halbwegs störungsfrei, und wer aufatmen konnte, weil er drüben keine Verwandten hatte, mit denen er sich jetzt auseinandersetzen musste, konnte dieses Ereignis, das aus der Zeit gefallen schien, ohnehin gut ignorieren. Man musste sich lediglich an ein paar neue Talkshowgäste gewöhnen, sich ein paar neue Gesichter und Namen merken wie Gregor Gysi oder Angela Merkel oder Joachim Gauck, aber das war verkraftbar.

Das Gymnasium, auf das ich geschickt wurde, war ein wuchtiger Altbau mit angefügten Neubautrakten. Die Hauptfassade war in den siebziger Jahren mit viel zu bunten Stahlblechen verkleidet worden und erinnerte an die breiten, grellfarbenen Krawatten jener Jahre oder an das Fernsehtestbild während der sendefreien Zeit. Es war eine katholische Anstalt, und ich war vermutlich der einzige Migrant. Nicht, dass hier jemand sonderlich religiös gewesen wäre. Die Wahl einer konfessionellen Schule folgte schon damals der zielsicheren und vielleicht noch unbewussten Strategie, den Kindern ein möglichst homogenes Umfeld zu bieten, während man sich ansonsten als maximal weltoffen, umweltbewegt und sozial begriff. Die heute viel beschworene Diversität beschränkte sich in der Schule auf die Frage, ob man an der Mosel oder am Rhein wohnte oder vom Hunsrück kam, welchem Beruf die Eltern nachgingen, und man war schon ein Exot, wenn man aus einem Arbeiterhaushalt kam. Allein vier Mitschüler in meiner Klasse hießen Martin, die alle zeitgleich zusammenzuckten, wenn einer von ihnen aufgerufen wurde, aber niemand hieß hier Yildiray, Asim oder Aysun. In der Lindenstraße küssten sich Männer und im Kino lief einige Jahre später der Schwulenklassiker *Der bewegte Mann*, aber weder in der Lehrer- noch in der Schülerschaft schien die noch etwas zögerlich präsentierte Vielfalt im Sexuellen auf gesteigerte Nachahmungs- oder Offenbarungsfreude zu stoßen.

Es gab nicht mehr kleine, nur noch winzige Unterschiede, mit denen man sich ein wenig voneinander abgrenzte. Die Geburtstagsfeier, auf der ein Mitschüler mich vor dem CD-Player gespreizt fragte, ob ich bei der Musikauswahl Präferenzen hätte, und ich das Fremdwort nicht verstand. Die Freundin, die mir erklärte, dass sie sich mit ihrem Journalistenvater beim

Italiener zum Mittagessen treffe, und fragte, ob ich mitkommen wolle – was mich irritierte, weil bei uns für so etwas niemals Geld ausgegeben worden wäre. Perlenohrstecker, englische Landhausmode und Aktenkoffer deuteten früh auf eine Karriere als Anwältin oder Manager hin, lange Männerhaare auf den elterlichen Lehrerberuf, den die Söhne ebenfalls ergreifen würden. Das polnische Kleinbürgermilieu, dem ich entstammte, war nichts, womit man angeben konnte, aber auch nichts, wofür ich mich schämte. Die Außenseiterrolle, die es mit sich brachte, machte mich in der Schule eher zum Beobachter des Geschehens als zum Akteur. Wir Schüler hatten nicht denselben Stallgeruch, keine gemeinsame soziale Schicht, kein Band, das uns zur verschworenen Gemeinschaft hätte binden können. Wir hatten keine Eltern, die miteinander befreundet waren, weil meine Eltern privat kaum mit Einheimischen verkehrten. Aber all das waren halbgroße Schwierigkeiten, die sich auch im Nachhinein nicht ins Dramatische umdeuten lassen.

Wir Gymnasiasten mochten unseren untersetzten, bärtigen Klassenlehrer sehr, der, soweit ich mich erinnern kann, stets denselben oder zumindest den gleichen grauen Pullover und etwas abgewetzte, ungünstig tiefhängende Jeans trug. Er hörte die Musik, die auch wir hörten – ergänzt um Bands seiner eigenen Generation wie Queen oder Dire Straits. Wir schätzten seine Nachgiebigkeit im Englischunterricht (die Allerschlechtesten erhielten die Note Vier) und seinen Humor, der vor ihm selbst nicht haltmachte. Wir schätzten seine vielleicht etwas zu deutlich herausgestellte Lockerheit. Er hatte vier oder fünf Kinder, weshalb er in der ersten Unterrichtsstunde genauso müde aussah wie wir und seine Finger und Arme dehnte und streckte, weil sie noch etwas schlafsteif waren, sich dann aber aufputschte, zunächst durch familiäre Alltagsanekdoten, dann zum Beispiel durch seine Interpretation der Erzählung *Die Einsamkeit des Langstreckenläufers* von Alan Silitoe, die wir alle lesen mussten – ein rührender Klassiker der englischen Arbeiterliteratur, der von einem kleinkriminellen Jungen aus der englischen Unterschicht in einer Erziehungsanstalt handelt, der durch Sport einen eigensinnigen Freiheitsdrang entwickelt, seinen Charakter stählt und schließlich zu Klassenbewusstsein findet. Wohl stellte der Klassenlehrer uns irgendwelche Fragen zur Erzählung und korrigierte unser hüftsteifes Englisch, sobald wir antworteten, aber die Antworten hatten ohnehin nur die Funktion, ihn zu einem ziemlich feurigen Monolog über soziale Ungerechtigkeit und den Manchesterkapitalismus zu bewegen. Zwar gehörte es schon damals zur Doktrin, die Schüler zum eigenständigen Arbeiten und Denken und zur gefürchteten Gruppenarbeit zu bewegen, aber das entsprach weder seiner Eitelkeit noch unserem Unterhaltungsbedürfnis.

Den alterstypischen Weltverbesserungsdrang von uns Heranwachsenden überführte unser Klassenlehrer in Alltagspraxis, was augenblicklich die Schwätzer von den Tatkräftigen schied. An seinem Schulprojekt, einem Café für Obdachlose, waren in der Oberstufe diejenigen beteiligt, die wirklich ein Opfer in ihrer Freizeit zu bringen bereit waren, und das waren dann natürlich nicht mehr ganz so viele. Aber es war natürlich trotzdem ein Riesenerfolg, schon weil die schwierige Klientel, mit der es die jungen Idealisten zu tun bekamen, sie erfahrener, realistischer und nachdenklicher werden ließ. Das behauptete zumindest unser Klassenlehrer, der sich als linker Sozialdemokrat, sogar als Marxist begriff, allerdings, wie er einmal erklärte, nur im Sinne der Frühschriften. Ich war nicht unter den tapferen pubertären Sozialarbeitern. Irgendetwas kam immer dazwischen, und außerdem gehörte ich keiner Clique an.

Im Gymnasium gab es einen weiteren Lehrertypus, der heute ganz ausgestorben ist: Lehrerinnen mit so strengen Kostümen, als seien sie von Margaret Thatcher eingekleidet worden, und Lehrer, die immer glatt rasiert und ordentlich gekämmt waren und die sich niemals erlaubt hätten, ohne Anzug und Krawatte und glänzende Schuhe vor die Klasse zu treten. Sie fuhren zur Opernaufführung nach Köln oder Bonn und gingen ins Stadttheater. Sie hatten weiße, kurz und akkurat geschnittene Haare und sahen immer ein wenig aus wie Richard von Weizsäcker oder wie Helmut Schmidt oder wie der Mann von der Asbach-Uralt-Werbung, also gar nicht so schlecht. Sie unterrichteten nicht mit spontanen Eingebungen, sie folgten dem chronologischen Prinzip: Auf den Barock folgte die Aufklärung, auf den Sturm und Drang die Klassik, auf die Romantik die Moderne. Sie waren reservierter und weniger zugänglich, sie waren melancholischer und weniger kraftmeiernd als die sozial engagierten Lehrer. Ihr Charisma speiste sich aus verschmitzter Lakonie und leiser Ironie, nicht aus umwälzenden Einfällen und Geistesblitzen. Sie begriffen sich als Bremse im allgemeinen Verfallsgeschehen.

Mein Deutschlehrer gehörte genau diesem Typus an, und dank dieser wohlsortierten und starren Gesamtschau der Literatur, die er frontalunterrichtshaft präsentierte, war es einem Migranten, der furchtbar orientierungsbedürftig war, natürlich überhaupt erst möglich, Goethe und Kleist und Büchner und Kafka und Bachmann und Celan und deren hoffnungslos kompliziertes Deutsch bis in die waghalsigsten Verästelungen hinein zu lesen. Und ich kam mir vor wie Lenz, der gut gelaunt durchs Gebirge ging und dem nur unangenehm war, dass er nicht auf dem Kopf gehen konnte. Dann wieder wie Werther, der so pubertierend unausgeglichen war wie ich selbst und der sich innerhalb weniger Stunden mal völlig ohnmächtig und niedergeschmettert, mal göttergleich und unsterblich empfand und der nicht zeichnen konnte, nicht einen Strich, und der doch meinte, dass es nie einen größeren Maler auf der Welt gegeben habe als ihn selbst. Dann gab es natürlich auch die Unterrichtsstunde, in der mit quälender Konzentration *Die Todesfuge* unter Berücksichtigung aller möglichen Referenzen gelesen wurde.

In Schillers *Maria Stuart*, die wochenlang seziert wurde, ging es auf komplizierte Weise um Freiheit, den ewigen Zentralbegriff aller Unterdrückten und Beladenen in der Literatur. Mehr noch als durch den Geschichtsunterricht lernte ich durch Dramen und Romane und Gedichte die Geschichte dieses seltsamen Landes kennen, in das ich geraten war und das im 18. und noch im 19. Jahrhundert so hoffnungslos rückständig war, so gefangen im Elend, in der autoritären Kleinstaaterei, in der Grobheit von Sitten und Gebräuchen, dass sich Reisende aus dem Ausland zuverlässig erschrocken zeigten. Man kam in den ärmlichen Ständestaaten vom Dorf nur mit Mühe in die nächste Stadt, aber die Literatur, die damals entstand, schwang sich mit großen Begriffen wie Freiheit, Schönheit, Güte und Anmut auf Höhenkämme. Statt zur Revolution aufzurufen, was man wegen der Gewaltorgien in Frankreich scheute, suchten die Intellektuellen das Volk zunächst durch Kunst, Literatur und Spiel zur veredeln, zu zivilisieren, zu bilden, um ein Gemeinschaftsgefühl unter dem Banner der Gleichheit zu erschaffen. Im Theater fanden die Stände, sich ihrer Herkunft emanzipierend, dann tatsächlich zueinander, hier erblickten sie einen Adligen, der eine bürgerliche Musikertochter liebt, den Freiheitskampf der Schweizer oder eine schottische Königin, die sich, innerlich geläutert, frei im äußersten Sinn, ihrer Hinrichtung fügt.

Es wurde im Unterricht nicht verschwiegen, dass diese Literatur später benutzt wurde, um Deutschlands Größenwahn zu untermauern, und der ganze Pomp und Flitter der Kulturnation ein wichtiges Teilchen im Räderwerk des Grauens war. Aber das lag nun mal nicht in der Absicht dieser Literatur, die ich im Gymnasium wohl begeisterter las als die meisten Eingeborenen. Es gab dann doch mehr in diesem Land zu entdecken als den dicken Kanzler, der gewählt worden war, um für immer zu bleiben, oder den Zentralplatz mit seinen traurigen Unterführungen. Unter anderem diese höllisch verschachtelte Sprache, die in der Literatur auch schön klingen konnte, musikalisch, pathetisch, doppeldeutig. Diese Sprache, die mir immer auch ein wenig fremd bleiben würde, weil ich sie nicht bereits als Kleinkind wie eine zweite Natur verinnerlicht hatte, die sich mir immer in ihrer wunderbaren Künstlichkeit zeigen würde, in der Wortwörtlichkeit ihrer akrobatischen Begriffskombinationen, in der »Hoch-zeit« und in der »Verzweigung«, im »Ver-rat« und im »Zu-fall«.

8 Die Aufklärung

Der Zustand des wuchtigen Universitätshauptgebäudes in Bonn, einst ein kurfürstliches Schloss, war verblüffend. Die Toiletten im Erdgeschoss waren blau beleuchtet, damit die Fixer ihre Venen nicht finden konnten. Der beige geflieste Boden war rissig und von Kippen übersät. Die Cafeteria war selbst für Kettenraucher zu verqualmt, um es länger als eine Zigarettenlänge darin auszuhalten. Dort versammelten sich auch gern die Obdachlosen der Stadt oder besonders ausdauernde Langzeitstudenten und soffen sich einen an. Mitunter korrespondierte die eine Existenzform mit der anderen. Die Uhren, die an manchen Aufgängen hingen, waren schon lange stehengeblieben, die Batterien wurden während meiner gesamten Studienzeit nicht ausgetauscht. In manchen Vorlesungssälen waren die Vorhänge abgerissen worden, wann und warum auch immer. Letzte Stofffetzen hingen noch an den Gardinenstangen. In den Bibliotheksräumen der Germanistik, die ich einige Jahre aufsuchen sollte, setzte man sich auf gefährlich knarzende Holzstühle, sie hatten vermutlich die Weltkriege überlebt. Auf manchen Tischen standen noch große grüne Porzellanaschenbecher, die selten jemand leerte. Die verzogenen Fenster aufzumachen gewöhnte man sich dennoch ab. Zu groß war die Gefahr, sie nicht wieder schließen zu können.

Überfüllt waren alle Veranstaltungen, hier wurden unzählige Lehrerinnen und Lehrer ausgebildet. Viel zu viele drängten sich in die Vorlesung über die Aufklärung, die ein Professor mit etwas längeren Haaren, vergleichsweise lässig gekleidet, jedenfalls krawattenlos, in weitgehend freier Rede hielt. Dies genügte, um ihn als 68er zu verorten. Ich weiß noch, dass er nicht bei den Frühaufklärern begann, um dann von Lessing zu Wieland zu gelangen, wie man es hätte erwarten können. Er begann verwirrenderweise mit Adornos und Horkheimers *Dialektik der Aufklärung*, rasant, unprätentiös, vor allem aber verdammt eindringlich, denn es ging ja um etwas, um die Frage, warum aufgeklärte Zivilisationen in die Barbarei zurückfallen können.

Erst im zweiten Schritt blickte er ins helle 18. Jahrhundert, in diese so seltsam hoffnungsfrohen Texte der Vergangenheit. *Nathan der Weise* erklärte er anhand eines einzigen Satzes des Dramas: »Ein Mann wie du, bleibt da / nicht stehen, wo der Zufall der Geburt / ihn hingeworfen: oder wenn er bleibt, / bleibt er aus Einsicht, Gründen, Wahl des Bessern.« Die Kultur, erklärte er, triumphiere in diesem Werk über die

Herkunft. Die Vernunft und individuelle Leistung siegten über die Macht des Blutes. Wenn man am angestammten Ort bleibt, dann nur, weil man es so entscheidet. Das waren Gedanken, die mir auf Anhieb gefielen, handelte Lessings Drama doch letztlich von meinem eigenen Lebensweg und dem meiner Eltern, vom blinden Aufbruch aus Polen, dem sozialen Aufstieg durch Arbeit und Bildung, dem Entrinnen des Zufalls der Geburt.

Etwa zwei Jahrzehnte später lud mein 68er-Professor einige seiner Schüler für ein paar Tage in die Berge Südfrankreichs ein. Ein Treffen, das fortan jedes Jahr stattfand und immer ein kleiner Höhepunkt des Frühlings war, weil sieben, acht in alle Welt verstreute Literaturstudentinnen und -studenten von einst, längst nicht mehr jung, sich wie Schulkinder noch einmal in jahrhundertealte Werke vertieften, was jeden verjüngte. Und am Abend gab es immer Wein aus der Region in einem 5-Liter-Zapfkarton, und bevor das Gespräch auf der geräumigen Terrasse in Gefahr geriet, politisch zu werden, weil fast alle Gespräche seit einigen Jahren immerzu politisch zu werden drohten, sangen, aus welcher Laune heraus auch immer, alle auf einmal deutsche Volkslieder.

Alle außer mir, denn ich kannte diese Lieder nicht und musste sie mir später ergoogeln. Und da schmetterten die Gäste die Lieder »Der Mond ist aufgegangen«, »Guten Abend, gute Nacht«, »Kein schöner Land«, »Der Kuckuck und der Esel« und »Im Frühtau zu Berge«. Ich kannte die meisten Lieder vom Titel her, aber ich hatte nicht die Kindheit, in der sie einem beigebracht wurden, nicht die Eltern, die sie vorsangen, ich war immer schlafliedfrei ins Bett gebracht worden. Ich hatte nur Märchen von der Baba Jaga und die Märchen von Niemcy erzählt bekommen. Und dann sangen sie, diese deutschen Mittvierziger, aus ziemlich voller Kehle in der schon angenehm kühl gewordenen Nacht, die sonst lediglich von Zikaden beschallt wurde: »Die Gedanken sind frei, wer kann sie erraten? / Sie fliehen vorbei wie nächtliche Schatten. / Kein Mensch kann sie wissen, kein Jäger sie schießen. / Es bleibet dabei: Die Gedanken sind frei.«

Und für einen Moment dachte ich, ob im Dorf nicht ein paar ganz alte Franzosen lebten, die diese Lieder schon in der ganz alten Zeit gehört haben mochten, aber das war vielleicht ein verwegener Gedanke. Am nächsten Morgen wurde, wie es sich für Deutsche in Frankreich gehört, erst einmal gewandert, eher schweigsam, mit verkaterten Blicken die majestätische Landschaft vermessend.

Mein Klassenlehrer und mein Professor gehörten einer besonderen bundesrepublikanischen Spezies an. Keine Ahnung, ob das ihrem Selbstverständnis entsprach, aber sie waren natürlich Spontis und damit das Gegenteil parteitreuer Apparatschiks, die es ja auch unter den deutschen Linken gab. Sie hatten sich ganz dem Geistesblitz, dem ungewohnten Gedanken, dem Witz verschrieben. Sie waren subversiv, sie alterten einfach nicht. Sie ähnelten ein bisschen dem Grünen-Politiker Cohn-Bendit. Sie waren gebildet, aber sie dozierten nicht, sie wollten immer eine Auseinandersetzung. Sie liebten es, wenn sich eine Gruppendynamik entzündete, in deren Zentrum sie als Pädagogen standen. Sie waren gegen alles Autoritäre und sie waren Charismatiker, ein Widerspruch, der dialektisch nicht aufzulösen war. Sie waren vitalistisch, lebensfroh und jederzeit impulsiv, was natürlich in Opposition stand zum unbeholfenen Gebaren der Durchschnittsdeutschen. Sie waren begnadet geistreich und sie waren beliebt. Sie begannen die Unterrichtsstunde sofort mit einem Gedanken, sie sortierten sich nicht, sie leiteten nicht ein. Sie waren dem Kanon verpflichtet, aber nur, indem sie ihn kritisierten. Ihn aber aufzulösen, ihn zu bereinigen von weltanschaulich Problematischem zugunsten schlechterer Texte, nur um irgendeine historische Gerechtigkeit durchzusetzen, wäre ihnen im Traum nicht eingefallen. Sie hatten Sinn für Qualität.

Interessanterweise ist der Sponti-Typus, den es so nur in West-, nicht in Ostdeutschland gab, nicht nachgewachsen. Er hat habituell keine Nachfolger gefunden. Joschka Fischer hatte vermutlich recht mit seinem größenwahnsinnigen Satz, dass er der letzte Live-Rock-'n'-Roller der deutschen Politik gewesen sei und nach ihm in allen Parteien nur noch die Playback-Generation an die Macht kommen würde. Was so viel heißt wie: die Nüchternen, die Übervernünftigen, die Moderaten, die Fehlervermeider, die Ängstlichen, die Opportunisten. Und man kann diesen Mentalitätswechsel zum Vorsichtigen und Taktischen und notorisch Verstellten, der stattgefunden hat, natürlich in allen gesellschaftlichen Bereichen besichtigen und in allen ideologischen Lagern.

Die konservativen und die spontihaften Lehrer waren an meiner Schule und an der Universität wie das Schwarze und das Weiße im Yin-und-Yang-Symbol aufeinander bezogen. Was die einen aufbauten, rissen die anderen ein; was die einen ordneten, hinterfragten die anderen; wo die einen die Schüler auf Abstand hielten, bemühten sich die anderen um Augenhöhe. Sie standen in Opposition zueinander und stabilisierten sich gegenseitig.

Eines Morgens bekam ich mit, wie sich einige Mitschüler bei unserem Klassenlehrer über unseren Deutschlehrer beklagten. Ich weiß nicht mehr, ob über dessen Strenge, über dessen etwas unzeitgemäße Erscheinung oder dessen politische Ausrichtung. Vermutlich wollten sie nur eine abschätzige Bemerkung, eine Indiskretion oder eine Lästerei provozieren, über die man lachen konnte. Der Klassenlehrer aber, der Marxist im Sinne der Frühschriften, von dem wir uns eine verschworene Allianz versprachen, winkte ab und sagte etwas resigniert: »Am Ende wollen wir doch beide dasselbe.« Dieser etwas unklare Satz schien mir schon damals bedeutend. Unser Klassenlehrer meinte wohl, dass er und sein Kollege allen weltanschaulichen Unterschieden zum Trotz sich gemeinsam darum bemühten, uns zur Menschenfreundlichkeit zu erziehen. Dass sie selbst noch als Gegner verbrüdert waren. Dass man die Nazizeit hinter sich hatte und keine neue Nazizeit wollte. Feinde waren nicht mehr vorgesehen. Ich bin wie so viele meiner Generation das schulische Produkt von Linken und Konservativen gleichermaßen. Es gab eine selbstverständliche Vielfalt in der Anschauung, deren Mangel heute beklagt wird. Es gab, je weiter man die Bildungstreppe hinaufstieg, kaum Vielfalt, was die Herkunft oder den sozialen Hintergrund anbetraf.

Aggressionsarmut und Gelassenheit waren weit verbreitet, der Sowjetkommunismus, die RAF, auch der rechte Rand der CDU hatten abgewirtschaftet. Und für Jahrzehnte, allen Hartz-IV-Querelen und Wirtschaftssorgen zum Trotz, war Deutschland weniger dumpf als gewohnt: Moderatoren machten Polenwitze und wurden deshalb noch lange nicht abgesetzt; Günter Grass mahnte und polterte wie gewohnt, nur hörte ihm keiner mehr zu. Manchmal wurde die Spaßgesellschaft gegeißelt und eine neue Ernsthaftigkeit eingefordert, dass aber Deutschland überhaupt einmal mit so etwas wie Spaß ernsthaft in Verbindung gebracht wurde, schien doch ein Fortschritt.

Nichts war mehr bleiern, nichts mehr so wichtig, und das Schlechtreden dieser schwingenden Leichtigkeit als postmoderne Beliebigkeit war nichts anderes als der Phantomschmerz angesichts des abgeräumten Streits und des abgeräumten Kalten Kriegs. Der deutsche Ernst, dieses »Pathos des Absoluten« (Theodor W. Adorno), der Furor fußtrampelnder

Rechthaberei schien für immer Geschichte. Alles Agitatorische war so out wie das DDR-Gesinnungsprüfungslied »Sag mir, wo du stehst«. Meinungsverschiedenheiten endeten nicht im Triumph einer bestimmten Position, sondern häufig in einer Paradoxie, in Widersprüchen, die man nicht mehr auflösen wollte. Die Bars waren im Retrostyle eingerichtet, es lief irgendein Siebziger-Jahre-Funk in ehemaligen Puffs, afroamerikanische Beats. Man bediente sich schamlos am Erbe aller Kulturen, die Zeitschichten überlagerten sich, die Mode war maximal beliebig geworden. Der Begriff »Alternativkultur« verschwand aus dem Wortschatz, weil jeder alternativ wurde. Und wenn ich in der Bonner Universität an den erstaunlich heruntergekommenen, vom Zigarettenrauch schon dunkelbraun gefärbten Wänden entlangging, gab es zwar noch Plakate von irgendwelchen leninistischen Studentengruppen, aber die wirkten verkniffen und wie aus einem fernen Jahrzehnt. Sie hatten den Beigeschmack von sinnlosen Haarspaltereien und Theorieungetümen, von mangelnder Hygiene und Rechthaberei.

Um Theorien ging es in den Seminaren der Geisteswissenschaften am Rande auch, aber die waren nicht mehr marxistisch. Sie waren aus Frankreich und Amerika herübergeschwappt und verdrängten ökonomische Fragestellungen zugunsten von gesellschaftlichen und symbolischen. Es gab den Poststrukturalismus, die Postmoderne, den Postkolonialismus. Die lateinische Präposition *post* suggerierte

Avantgarde. Wir erfuhren, dass die Geschichtsschreibung bislang einer rein männlichen Logik gefolgt war. Dass die Sprache ein allmächtiges und böses Instrument war, mit dem man eine westlich normierte Denkweise reproduzierte, und zwar auf Kosten der unterdrückten, nicht westlichen Länder. Dass das Geschlecht nichts weiter als ein soziales Konstrukt war. Dass Vernunft und Aufklärung die Erfindungen der Weißen waren, um im Mantel der Weltverbesserung die Welt zu versklaven.

Ein bisschen Angeberei war immer dabei, wenn man die Argumente der Postintellektuellen in den halbverfallenen Seminarräumen auftischen konnte. Es klang weltläufig, und wenn man sich geschickt anstellte, klang das, was man sagen wollte, auch dunkel genug, um als geistreich durchzugehen. Shakespeares *Othello* war ethnozentristisch, *Emilia Galotti* war phallozentristisch, Kant war ein schwerer Fall von *Logozentrismus*. Aber unsere Auftritte vollzogen sich ohne Glaubensfuror und ohne engstirnige Gewissheiten, das hätte unserer Stimmung nicht entsprochen. Die westliche Generalkritik am Westen wurde höchstens halbernst genommen und war mit ihrer angeberischen Terminologie vergessen, sobald man die Uni verließ – undenkbar, dass sie einem je woanders als auf Seminarstühlen begegnen würde. Wir hatten raffinierte Gedankenfiguren zelebriert und ein wildes Denken aufgeführt. Es sollte an Dogmen gerüttelt, aber keine neuen errichtet werden.

Ironie, selbst ein Hauch zynischen Humors war

grundsätzlich erwünscht, in Seminaren wie in Talkshows. Ein interessanter Gedanke war einem politisch wünschenswerten immer vorzuziehen. Aber es ging in dieser Zeit ohnehin nicht sonderlich darum, wie man sich politisch begriff oder nicht begriff. Die Frage schien erledigt, die Zukunft sollte postideologisch sein. Es war schon klar, dass manche links, andere weniger links waren, dass manche nach der Uni unbedingt in irgendeiner NGO unterkommen wollten und andere in einer gut zahlenden Werbeagentur, vor allem diejenigen, die nicht auf ein Erbe hoffen konnten oder von den Eltern großzügig unterstützt wurden. Aber die feinen Unterschiede in der Selbstverwirklichungsgesellschaft waren des Streits nicht wert. Das wäre nur Sand im Getriebe gewesen. Und wer hat schon so viel Zeit?

9 Die Jahre der Freiheit

Wir lebten in goldenen Jahren der Freiheit. Nicht, dass nach 1989 nicht Gewaltiges, nicht Verstörendes, nicht politisch Kontroverses passiert wäre: die Jugoslawienkriege, der Anschlag auf das World Trade Center, der Irakkrieg und islamistische Anschläge. Peitschende Schlagzeilen, und jedes Mal schien die Welt schwer in Unordnung. Aber unser Blick war allen Rückschlägen, allen Irritationen zum Trotz optimistisch und klar. Wir hatten gelernt, dass sich die Aufklärung in ihr Gegenteil verkehren kann, dass sie sich nicht geradlinig entwickelt, aber die Weltverbesserung, so rumpelig sie auch vonstattenging, war alles in allem unverkennbar. Dass wir die Beschwörung des Liberalismus nicht mehr hören konnten, dass die weihevollen Sonntagsreden verstaubt klangen, lag nicht am Überdruss unserer Existenzweise. Im Gegenteil: Es lag an ihrer internalisierten Selbstverständlichkeit.

Politik störte in meiner Generation nicht, sie spielte

einfach keine große Rolle. Das wurde von den Älteren häufig beklagt, und manche sehnten sich nach größeren Konturen, nach Reibung und Haltung. Sie hatten ihre Ostermärsche vor Augen, ihre Demos gegen Aufrüstung, ihre Proteste gegen die Atomkraft. Sie vermissten, dass niemand mehr ein Zeichen setzen wollte. Ein Zeichen zu setzen mit selbstgemalten Plakaten wäre uns furchtbar lächerlich vorgekommen, gestrig und unästhetisch. Da hätte man sich gleich einer christlichen Jugendgruppe in Polen anschließen können.

Wir lebten im Rückenwind der 68er, aber nicht mit ihren politischen Parolen. Wir setzten das romantische Projekt der Selbstverwirklichung fort, ohne ihm einen Überbau zu verleihen. Wir waren hedonistisch. Wir heirateten oder eben nicht, bekamen Kinder oder eben nicht, waren schwul oder lesbisch oder irgendetwas dazwischen. Die sexuelle Orientierung war nichts mehr, was man verschwieg, aber auch nichts, was man dramatisierte. Unsere Lebenswege trennten sich in einer zunehmend unübersichtlichen Berufswelt. Wir zogen ständig um. Dinge, mit denen wir uns beschäftigten, waren interessant oder weniger interessant, sie waren aber nie kriegsentscheidend. Nie ging es ums Ganze.

Die Parteien wurden in diesem Klima nur noch schwer unterscheidbar. Die FDP unterstützte die Einführung der Pflegeversicherung, den Sozialabbau setzte die SPD durch, die Grünen votierten für Auslandseinsätze der Bundeswehr, den Atomausstieg trieb die CDU voran. Die Konservativen hatten eine kinderlose Frau an ihrer Spitze, ein Asiat war Gesundheitsminister, die Bundeswehr sorgte sich vor allem um die Vereinbarkeit von Beruf und Familie. Der Wehrdienst wurde abgeschafft. Die Regierungen agierten weitgehend sachlogisch, ihre weltanschaulichen Unterschiede entpuppten sich jetzt als leere Rhetorik. Unsere Coolness versinnbildlichte Barack Obama, er hatte diese resignativ-lässigen Gesten, diese Begabung, alles politisch Schwere in einen heiteren Spruch zu überführen.

Unsere Abgeklärtheit spiegelte die Soziologie. Kaum jemand konnte das Gedankengebäude von Niklas Luhmann erklären, aber jeder verstand, dass nicht mehr planetarische Großkonflikte im Mittelpunkt standen, sondern das Funktionieren sozialer Systeme: In der Politik ging es um die Frage von Macht oder Nichtmacht, in der Religion um Immanenz oder Transzendenz, in der Wissenschaft um Wahrheit oder Unwahrheit. Wir hatten Sinn für die kühle Abstraktion der Moderne, für die Beobachtung zweiter Ordnung, für die Logik gesellschaftlicher Prozesse. Aber wir hatten keinen Sinn für ein politisches Drama.

Die Distanz zum Geschehen beförderte eine grundironische Einstellung. Wer nicht ironisch war, nicht uneigentlich, nicht witzig, der war von gestern. Unser Fernsehstar war Harald Schmidt, der nichts mehr ernst nahm, dies aber mit größtem Rigorismus. Er kommentierte in seiner allabendlichen Show das politische Tagesgeschehen, und alles, was er kommentierte, entlarvte sich als Klischee, falsches Pathos und dämlich Verhärmtes. Es gab keinen Boden, es gab eine Bühne. Alles Unmittelbare und Großsprecherische war ein schlechter Scherz. Die Älteren verachteten Harald Schmidt, er entwertete das Pathos des Absoluten. Popliteraten feierten mit ihrer Poetik der Oberfläche teure Markenware, weil alles andere nach deutscher Tiefe oder engagiertem Getue geklungen hätte.

Wir lebten in Jahren der Freiheit. Und Freiheit bedeutete: es sich leisten zu können, von den großen und eindeutigen Gefühlen, von monokausalen Erklärungen, vom politischen Getöse, von weltanschaulicher Verbissenheit entlastet zu sein. Es kam nicht mehr darauf an, was jemand sagte, sondern wie jemand etwas sagte. Ob es entspannt genug klang. Die Inszenierungs- und Verstellungskunst hatte überhaupt einen hohen Stellenwert, man ging nicht mehr davon aus, von wahren Passionen belästigt zu werden.

In den Ortsgruppen der Parteien lernte man, dass es vor allem aufs Netzwerken, auf Kommunikation, auf die Verpackung ankam, nicht so sehr auf Programmatisches. Aufmärsche mobilisierten nicht mehr, dafür die Love Parade, die Hunderttausende weitgehend nackte Drogen- und Technofans anzog und die als politische Demonstration unter dem Titel »Friede, Freude, Eierkuchen« angemeldet wurde. Der Berliner Regierende Bürgermeister bekannte, dass er schwul war, fügte hinzu, das sei auch gut so, und rannte damit offene Türen ein. Eine Fußball-WM wurde ausgetragen, überall im Land waren Deutschlandflaggen zu sehen, ohne dass dies teutonisch wirkte. Der hässliche Deutsche hatte ausgedient, zog sich in seinen Schrebergarten bei Hoyerswerda oder Dortmund zurück und trank kastenweise Bier.

Da hatten wir die pogromartigen Angriffe auf Asylbewerberheime in Ostdeutschland schon fast vergessen. Und die Anschläge von Mölln und Solingen auch. Grässliche Verbrechen, die wir natürlich mit der allergrößten Entschiedenheit verurteilten. Und sogleich verdrängten. Wie auch die Berichte über die rechtsradikale Jugendszene in den Provinzen des Ostens, den dort alltäglichen Terror. Der auftrumpfende Hass zeigte sich noch mit klaren Erkennungszeichen: Glatzen und Springerstiefel. Die gab's im Westen nur in den äußersten Randzonen der Gesellschaft. Die sah man eigentlich nur in Fernsehreportagen. Nur einmal war ich in jener Zeit in Ostdeutschland, wollte Weimar besuchen mit einem Kommilitonen, Goethe, Schiller und das KZ Buchenwald, *Germany in a nutshell.* Auf dem Weg zum Hotel gingen wir durch frischen Schnee. Ich rutschte aus und landete mit meinem lädierten Bein in einem glanzvoll neuen Krankenhaus. Einem Tempel aus Glas. Zur Besichtigung der Stadt kam es nicht. Der Besuch illustrierte mir nur, dass es mit dem Aufbau Ost doch voranging.

In Koblenz hatte mir der Vater meiner ersten Freundin fünf Mark zugesteckt, damit ich zum Friseur gehe, bevor ich das nächste Mal vorbeischaue. Mittlerweile war die Gefahr viel größer, over- statt underdressed zu sein. In den Jahren der Freiheit verschwanden langsam, aber sicher Anzüge, Krawatten, Damenkostüme und Stöckelschuhe. Der Winterschlussverkauf wurde zum Sale, Halloween war jetzt populärer als der Laternenumzug am Sankt-Martins-Tag.

Man sagte immerzu »Hallo« und nicht mehr »Guten Tag«. Flüge nach Mallorca, nach Stansted oder Rom kosteten neunzehn Euro. Jeder hatte ein Handy und man gewöhnte sich daran, dass überall und jederzeit, vorzugsweise aber in den Zügen der Deutschen Bahn, gequatscht wurde. Man wurde jetzt in der Öffentlichkeit über private Dramen unterrichtet und wusste, wie sich Liebende ansprachen, nämlich mit »Bärchen« und »Mäuschen«.

Telefonzellen wurden abgebaut, nur noch die Alten blätterten im Telefonbuch, im dicken Quelle- oder Otto-Katalog. Man bestellte jetzt im Netz. Die Leute liefen ständig mit Coffee-to-go-Bechern herum. Man fuhr nicht mehr in ein Hotel, sondern in ein Spa, nicht zur Kur, sondern in den Wellnessurlaub. Niemand trug mehr Socken zu Sandalen, bei manchen Herren wünschte man sie sich jetzt zurück.

Dass es in den Jahren der Freiheit nur um Belangloses ging, dass es einen Mangel an Ernsthaftigkeit und Substanz gab, dafür zu viel Egoismus und zu wenig Gemeinsinn, wurde ab und an beklagt. Der Freelancer wurde zum Begriff, der Kuchen essende

Gewerkschaftsfunktionär zum Auslaufmodell. Die Festanstellung war nicht zwingend mehr ein Ideal, der Ich-AG gehörte die Zukunft. Man ging nicht einfach zur Arbeit, man arbeitete an Projekten. Der verkrustete Staat mit seinen unbeweglichen Staatskonzernen war ein Sanierungsfall, man selbst war flexibel.

Frauen waren nicht mehr in erster Linie Mütter, sie machten in erster Linie Karriere. In der Serie *Sex and the City*, die fast jeder guckte, waren die Frauen alle weiß und alle reich, und sie hatten fantastische Jobs. Sie stiegen selbstbewusst, aber auch ein bisschen verzweifelt den Männern hinterher, immer auf der Suche nach dem Mister Big, dem Traummann. Das galt damals als empanzipiert, lebensfroh und weiblich zugleich. Dass die Frauen auch hinter der Wursttheke standen, bei Lidl Waren einräumten oder in Büros herumschrubbten, war in den Medien, in den Filmen und Serien weniger präsent. Auch blieb unterbelichtet, dass sich die verwaltungslastige Angestelltenkarriere häufig als wenig glamourös erwies und die Selbständigkeit als prekär.

Die Jahre der Freiheit hatten Schattenseiten, die man in Kauf nahm. Die Selbstveredlung, die man betrieb, und die Weltoffenheit, der man anhing, korrespondierten mit dem globalisierten Kapitalismus und seinen Wettbewerbsmechanismen. Der befreite Mensch hatte keinen vorgezeichneten Lebensweg mehr, er kuratierte sich, er war der Ausstellungsmacher seiner selbst und konkurrierte im freien Spiel der Kräfte. Man bleibt doch nicht da stehen, wo der Zufall der Geburt einen hingeworfen hat, und wenn, dann nur aus guten Gründen, aus freier Entscheidung.

Meine Eltern waren den elenden Dörfern des tiefen Ostens entkommen wie einst die deutschen Schriftsteller ihren bigotten schwäbischen Nestern. Vor dem Hintergrund meiner Familiengeschichte war die Kapitalismuskritik, die sich hier und da regte, eine deutsche Mode, die man nicht weiter ernst nehmen musste. Luxusprobleme auf einem Luxusdampfer. Wer aus dem Ausland kam, erblickte vor allem ein gesteigertes Problembewusstsein im Alltag, ein Feintuning der Prosa der Verhältnisse: Soll man sich hier oder da, in den oder die verlieben, diesen oder jenen Job ergreifen, in diese Stadt oder in eine andere ziehen? Pilates oder Qigong? Verhaltenstherapie oder tiefenpsychologisch fundiert?

Jahre der Freiheit neigen nicht zu Heroischem, zu politischer Leidenschaft, zu großen Romanen. Mir war das alles in allem ganz recht. Die Beschaulichkeit Bonns grenzte ans Bizzare. Die Dramen, die wir durchlebten, hatten einen sehr überschaubaren Spannungsbogen: In meiner ersten Unterkunft, einem Studentenwohnheim in der Nähe des Hofgartens, gab es erstaunlich große Ratten. Der Hausmeister, ein untüchtiger und grober Pole, kümmerte sich nicht um das Problem, dafür ließ er illegalerweise Montagearbeiter aus dem Osten im Partyraum übernachten, bis sowohl sie als auch er aus meinem Leben verschwanden, weil sie aufgeflogen waren. Ich zog in den dörflichen Stadtteil Kessenich, wo die Haribo-Fabrik stand. An Produktionstagen zog süßlicher Gestank durch die Straßen. Es war nicht ganz so schlimm wie in sozialistischen Industriestädten, aber seither kann ich keine Gummibärchen mehr sehen.

Eine der größeren Aufregungen jener Jahre: wenn man mit dem Fahrrad durch die Unterführung am Hauptbahnhof fuhr und nicht wie vorgeschrieben abgestiegen war. An schönen Sommertagen kassierte ein beleibter Polizist von jedem zehn Mark für die Ordnungswidrigkeit, was dann Stadtgespräch war. Ganz große Lieben, die sich nach einer Woche irgendwie falsch anfühlten. Große, philosophische Sinnfragen. Gaffel-Kölsch, billiger Weißwein im Café Göttlich, wo immer alle saßen, der erneute Versuch, sich das Kiffen anzugewöhnen. Die letzten Anflüge von Akne, die Weisheitszahn-OPs, eine Mittelohrentzündung. Ausreichend Zeit, sich kleinen Problemen mit Passion zu widmen, weil es große weit und breit nicht gab. Kurzum: das gewöhnliche, wenig überraschende Programm einer Jugend um die Jahrtausendwende.

In den Jahren der Freiheit zog es die Deutschen hinaus in die Welt. In China verkauften sie massenhaft ihre Autos, mit Russland bauten sie ihren Gashandel aus. Die große Geschäftstüchtigkeit wurde rhetorisch veredelt. Das Land der Täter und der Scham tat schließlich nichts nur aus Eigennutz. Man lehnte sich an Willy Brandts Slogan »Wandel durch Annäherung« an, sprach jetzt von »Wandel durch Handel« oder vom »Wandel durch Verflechtung« – Parolen, die den Umstand, dass man in Abhängigkeit von zweifelhaften Staaten geriet, gesinnungsethisch vernebelten. Suggeriert wurde, dass man sich in einem Kontinuum jahrzehntelanger Friedensarbeit befand. In jenen Jahren, die zum Symbolischen und Uneigentlichen neigten, glaubte man das gern. Man glaubte auch Putin gern. Der hielt 2001 im Bundestag eine Rede auf Deutsch und sprach rührend vom europäischen Frieden, dem Hauptziel der Russen. Dem Hauptziel! Die Parlamentarier waren ergriffen, klatschten frenetisch, der Bundeskanzler Gerhard Schröder hatte feuchte Augen, auf nicht untypische Weise erschüttert von sich selbst und vom Gast. Kurzum: ein historischer Moment. Allen war wundersamerweise entgangen, dass Putin kurz zuvor in Tschetschenien einmarschiert war. Seine Soldaten vergewaltigten, folterten und führten Hinrichtungen durch. Die Deutschen aber glaubten hypnotisch, dass der Ostblock als Problem abgeräumt war. Er würde sich so entwickeln, wie wir uns entwickelt haben. Er würde ein bisschen satt, ein bisschen langweilig und dabei ganz gut gelaunt sein.

Ein Schuss Melancholie war nicht wegzuleugnen. Schließlich waren alle Schlachten geschlagen. Die Utopien waren verblasst, der Sozialismus hatte sich blamiert, die Hallo-Herr-Kaiser-Welt war untergegangen. Die Liberalisierung der Lebensgewohnheiten war weit fortgeschritten. Viel war nicht mehr zu befreien, wir Romantiker lebten halbwegs im Einklang mit dem Weltlauf. Der Staat musste noch ein wenig renoviert und die Wirtschaft, die sich internationalisierte, noch ein wenig saniert werden. Allerorts wurde über schmerzhafte Reformen geklagt, aber den meisten war bewusst, dass dies die notwendigen Nachwehen des größten Umbruchs waren, den Europa nach dem Zweiten Weltkrieg erlebt hatte, dass die verordnete Ertüchtigung der Preis für die Wiedervereinigung war. Es musste eben sein. Die Laufrichtung stimmte, und darauf kam es an.

10 Die Rosskur

Kurz bevor meine polnische Großmutter starb, sah ich sie noch einmal. Sie hatte uns trotz ihrer Gebrechlichkeit besucht, war zum ersten Mal im Westen, aber meistens zu schwach, um das Haus zu verlassen. Sie war so dünn geworden, ein Herzleiden, und erstaunlich gelassen. Sie würde ihrem Mann aus dem Jammertal ins Himmelreich folgen. Die christliche Schicksalsergebenheit hatte etwas Tröstliches. Das hätte man sich abgucken müssen, aber es gelang nicht. Sie schlief wenige Monate später für immer ein. Und ein Jammertal war das Leben natürlich nur im Vergleich zum Himmelreich. Meine polnische Herkunft lebte fort. Cousinen, Cousins und Freunde heirateten, und die Hochzeiten waren die häufigsten Gründe, weshalb ich während meiner Studentenzeit immer wieder in den Osten fuhr.

Wenn ich hinfuhr, zeigte sich manchmal noch die alte Welt, der bäuerlich-slawische Überschuss von Liebe und Hass. Es gab Hochzeiten mit zotigen Spielchen auf der Bühne, die jede Sexismusbeauftragte entsetzt hätten. Ein paar Männer hatten sich nach Anweisung des Entertainers unter brutalem Gegröle der anderen Gäste als Hasen zu verkleiden, ein paar Frauen ebenso. Heftige Gesänge, begleitet von kollektiven Wodkaeinlagen und verwackeltem Herumgeproste. Keine Essensgänge wie im Westen, stattdessen auf jedem Tisch die Überfülle jederzeit greifbarer Speisen: *gołąbki, kotlet schabowy, bigos, pierogi*. Ein kleiner, beleibter Mann, Schwager von irgendwem, der sich aus unerfindlichen Gründen die Hosen herunterzog und ausgewählten Gästen den blanken Hintern entgegenstreckte, dann schreiend in die Kälte lief und auf einem Wagen herumturnte, bis ihn vier, fünf Freunde oder Verwandte mit größter Fürsorge, ja regelrechtem Liebreiz, behutsam seine roten Wangen tätschelnd und beruhigend auf ihn einredend, nach Hause brachten. Das kleine Gerangel auf dem Acker hinter dem Tanzsaal, das sich die Beteiligten am nächsten Morgen nicht im Geringsten erklären konnten. Die zu später Stunde trotz größter Lautstärke der musikspielenden Band eingeschlafene Großtante, die die Herumstehenden erst anbrüllen mussten, bevor sie zaghaft ein Auge öffnete. Währenddessen ein noch junges Paar in einer wenig beachteten Ecke: die Frau hemmungslos weinend mit verwischtem Lippenstift, der Mann mit spitzen Schuhen daneben wie erschlagen. Am nächsten Tag: Frühstück mit in Aspik eingelegtem Aal, vor allem aber mit Konterwodka und Konterbier. Zum Abschied: das allseitige Herzen,

Küssen und Gedrücktwerden auch entfernter Verwandter, das ich, weil ich mich so an Deutschland gewöhnt hatte, nur mit Überwindung erwidern konnte.

Onkel T., mittlerweile Anfang sechzig, war zu Ostzeiten als Vertragsarbeiter in Russland gewesen. Er war bei einem Großprojekt zum Einsatz gekommen, irgendein Fünfjahresplan hatte erfüllt, irgendein Chemiewerk in Rekordgeschwindigkeit errichtet werden müssen. Onkel T. erzählte mir davon auf einer dieser rustikalen Hochzeiten sehr schleppend. Er erzählte von der tagelangen Zugfahrt in den tiefen Osten und meterhohem Schnee, von Etagenbetten in einer schmutzigen Arbeiterbaracke, vom Schweißgeruch darin und vom Geschnarche, von einer Affäre mit einer Russin und einem ausgerenkten Arm, von der nackten Angst vor der Miliz, vor ihrem Sadismus. Von ihrer ungleich härteren Gangart als in Polen. Vom Heimweh, das den ganzen Körper lähmte. Nachfragen, Bitten, genauer zu werden, vor allem, was den Sadismus betraf, beantwortete er mit geweiteten Augen und ratlosen Gesten. »Diese Angst damals«, sagte er, »diese Angst.« Und: »Weißt du, das war doch im Kommunismus.« Er machte eine wegwerfende Handbewegung und schloss seine Ausführungen mit der so schwer übersetzbaren polnischen Wendung *E tam!* ab. *E tam!* heißt wörtlich übersetzt so viel wie »Ach was!«, der Ausdruck wird in Polen sehr häufig benutzt, immer gestenreich. Er meint auch »Was soll's!«, »So ist das Leben!«, »Scheißegal!«, »Lass mich damit in Ruhe!«, »Es ist ein Elend!«. Er zeigt das melancholische Einverständnis mit dem Unperfekten und die Versöhnung mit der Grausamkeit des Lebens an. Bedeutungsebenen, die kein bündiges Wort im Deutschen vereint.

Die in Polen unverrückbaren Familienwerte, die unterwürfige Wertschätzung der Alten, der Kult um Kinder, Kommunion, Firmung. Die nach dem Zusammenbruch des Ostblocks neuen Stadtteilberühmtheiten mit ihren Familien. Nicht mehr die verlogenen und verhassten Parteisekretäre, sondern die Bäckerin, der Pfarrer, der Fahrlehrer, der Metzger, die Friseurin waren die normierten Figuren in statischen und überschaubaren Zusammenhängen. Eine standardisierte Mitte, die überraschend schnell entstand, die aber bald schon bei den jungen Großstädtern als lächerlich galt, als hoffnungslos veraltet. Die lauschten längst dem Lockruf der Ferne und nicht wenige waren nach Berlin, nach London, nach Stockholm, nach Kanada gezogen. Sie hatten einen Freiheitsdrang, der jede lokale Begrenzung sprengte, den Glauben an die individuelle Entfaltung und Verfeinerung des Individuums und die Hoffnung, die jugendliche Sinnsuche verstetigen zu können. Alles, was ich in Deutschland erlebt hatte, würde sich hier wiederholen, nur etwas schneller und daher auch etwas konfliktreicher.

Ich war in Posen, ein Sommertag auf dem Alten Markt, dem Hauptplatz mit seinen bunten Barock- und Renaissancehäusern. Inmitten des Platzes ein kleines Ausstellungsgebäude, das Militärmuseum mit seiner ungebrochenen Heldenverehrung, mit Uniformen, Gasmasken, Abzeichen, einem wuchtigen Piłsudski-Gemälde und unzähligen polnischen Flaggen. Familien besuchten es mit ihren Kindern, die Väter erklärten die Funktionsweise von Bajonetten. Auf dem Platz selbst spielte, tanzte und sang eine Schar von zwanzig Leuten, irgendeine Reisegruppe junger Christen, die Mädchen in Röcken, die Jungen mit frisch frisiertem kurzem Haar. Sie gingen missionarisch klatschtend auf die Passanten zu. Nur vereinzelt blieben welche stehen. *Pop meets Jesus*, zum Fremdschämen einladend, wie einst in Koblenz die verzweifelt munteren Gottesdienste. Ein paar Schritte weiter eine Ausstellung mit zeitgenössischer Kunst und Plakaten. Bilder über sexuelle Vielfalt, Porträts von Schwulen und Lesben. Auch an die kleine queere Subkultur des sozialistischen Polen wurde mit historischen Schwarzweißfotografien erinnert. Urbanes Hipster-Publikum betrachtete die Bilder, Regenbogenpostkarten wurden im Souvenirshop verkauft. Dem Besucher aus dem Westen schienen sowohl das Militärmuseum als auch die munteren Christen Relikte der Vergangenheit. Alles im Osten, was eine gesellschaftliche Liberalisierung anzeigte, stand für die Zukunft. Was man selbst erlebt hatte, musste die Blaupause für alle sein.

Das berühmte Buch *Das Ende der Geschichte* des Politikwissenschaftlers Francis Fukuyama erschien wenige Jahre nach dem Zusammenbruch des Ostblocks. Es wurde unendlich oft kritisiert, und das zu Unrecht, denn seine Grundthesen spiegelten ziemlich exakt das Lebensgefühl der Zeit: Der Liberalismus mit seiner Demokratie, seiner Marktwirtschaft und seinem Lebensstil würde sich über kurz oder lang überall durchsetzen. Das galt als zwangsläufige Entwicklung. Strebte nicht jeder nach persönlicher Anerkennung und nach Würde? Sah jetzt nicht jeder ein, dass diese Sehnsucht nur nach westlichem Modell erfüllt werden kann? Meine Generation hätte es nie so pathetisch, nie so amerikanisch ausgedrückt, denn Pathos lag uns Ironikern fern, aber wir hatten unbewusst mitbekommen, dass sich die Menschen langsam, aber sicher aufmachten, um vom irdischen Jammertal ins irdische Paradies zu gelangen.

Damals sprach wenig gegen diese Entwicklung. Der Osten litt für kurze Zeit schwer unter Transformationsschmerzen, und sobald man am Bahnhof in Warschau oder Krakau stand, waren da diese Frauen mit Prospekten ihrer Plattenbauwohnungen, die sie untervermieten wollten. Aber der Erfolg der kapitalistischen Rosskur wurde mit jedem meiner Besuche sichtbarer. Keine dürren Kinder mehr, die in verblichenen Kleidern das Auto umzingelten und bettelten, sobald es an einer Ampel stand. Es wehte kein Fäulnisgeruch mehr ins Wageninnere, von irgendeiner Fabrik ohne Filteranlagen. Keine alterskranken Laster fuhren mehr mit ihren riesigen Auspuffwolken umher. Jetzt prangte an den Lieferwagen der Mercedes-Stern. An den Fensterscheiben der Häuser sah man kaum noch vergilbte Spitzengardinen, Ikea versorgte die Bewohner mit bunten und zierlosen Vorhängen. Meine Tanten und Onkel, Cousins und Cousinen kleideten sich neu ein. Sie kauften sich gebrauchte japanische Autos, und wenn sie aufs Land fuhren, dann rumpelten sie noch über die Pflastersteine des 19. Jahrhunderts, blickten in die ausgemergelten, versoffenen Gesichter der Bauern, aber allerorts wurden bereits wuchtige Auf- und Abfahrten für neue Autobahnen gebaut. Die Schufterei, die Entbehrungen waren enorm, aber die Menschen waren so beseelt von ihrem Aufstieg.

Wenn man sich abends den Großstädten näherte, versank man in einem Lichtermeer. Der Kapitalismus war gleich viel vulgärer, viel aufregender als im gesetzten Westen. Wilde Werbeschilder ragten aus Häuserwänden, die Leuchtreklame blinkte und formte bunt-grelle Muster hinter den Auslagenfenstern, und auf den Marktplätzen liefen knapp bekleidete Frauen mit Flyern für einen Nachtclub umher. Das Radio lief immer in voller Lautstärke im Frühstückssaal meines Hotels, die Autos rasten in den Altstädten durch die Einbahnstraßen, und zwar in beiden Richtungen. Das Durchwurschteln, die Bestechungen, die Schwarzarbeiterei waren üblich, der Staat nahm es im Übergang zur schönen neuen Welt nicht so genau. Fuhr ich Zug, hatte ich angeblich einen falschen Fahrschein und musste nachlösen. Fuhr ich Taxi, zeigte der Taxameter einen Preis an, der unmöglich stimmen konnte. Ging ich essen, waren auf der Rechnung immer auch Speisen aufgelistet, die ich weder bestellt noch gegessen hatte. Beschwerden führten zu unerfreulichen Diskussionen, man ergab sich seinem Schicksal, das war nervenschonender.

Es gab in Polen eine reiche Auswahl an chinesischen und italienischen Restaurants, aber keine Chinesen oder Italiener. Es gab Kebap ohne Türken und Schawarma ohne Araber. Es gab Einfamilienhäuser, hektisch errichtet, ohne Grundbucheintrag, Marktstände ohne Konzession, Bars ohne Schankerlaubnis, Ausflugsdampfer ohne Genehmigung. Der Staat zog sich auch in anderer, entscheidender Hinsicht zurück: Er verwandelte seine Wohnblöcke in Eigentumswohnungen und verkaufte diese dann zu symbolischen Preisen an die Bewohner. So schuf er ein Land von Eigentümern. Das veränderte das Selbstverständnis der Polen, das machte sie stolz, finanziell unabhängig und schließlich sogar wohlhabender als die Ostdeutschen. Erst später zeigte sich die neurotische Kehrseite des frisch erworbenen Reichtums. Man lebte in der steten Sorge, dass die bald schon biedere Aufgeräumtheit der Siedlungen gefährdet sein könnte, vor allem durch Fremde, obwohl die sich gar nicht blicken ließen.

Aber noch war es nicht so weit. Die Demokratie im Osten zeigte sich chaotisch, aber sie funktionierte. Parteien wurden gegründet und zerfielen. Regierungen wurden gewählt und wieder abgewählt. Firmen wurden gegründet, gingen pleite oder prosperierten. Freunde und Familienmitglieder, mittlerweile weit verstreut lebend, reisten mit dem Billigflieger zu den

Hochzeiten an. Denn geheiratet wurde wie eh und je mit Passion. Dann lebte die ganz alte Welt noch einmal auf und zeigte ihren bäuerlich-slawischen Überschuss an Liebe und Hass. Für ein paar Jahre vermählte sich die Moderne mit Rustikalität, die brave neue Welt mit den Zoten der alten, die neue Sachlichkeit mit der Schicksalsergebenheit einer untergegangenen Epoche.

Ein Schuss Melancholie war nicht wegzuleugnen. Schließlich waren alle Schlachten geschlagen. Man hatte gestreikt bis aufs Blut und damit den Sozialismus niedergerungen. Der Heroismus war jetzt etwas für Erinnerungsselige. Der polnische Papst starb, man baute ihm Denkmäler. Das Land stand nicht mehr im Mittelpunkt großer Umwälzungen. Es wurde reich und unbedeutend, befriedet und ein bisschen beliebig, eines dieser Länder im Osten halt. Weder die Russen noch die Deutschen bedrohten es. Man brauchte keine konspirativen Treffen mehr, keine Untergrundpresse, keine großen Worte, und man brauchte auch keine Opfer mehr zu beklagen. Man wurde auf resignative Weise glücklich. Und mehr war nach dem Ende des Kalten Krieges doch kaum zu erhoffen.

11 Die Sprache

Ich war nach meiner Bonner Universitätszeit nach Berlin gezogen. Ich wollte für Zeitungen schreiben, Reportagen und Essays, irgendetwas mit Journalismus machen, etwas Kreatives, nichts Normiertes, etwas Individuelles, nichts Beliebiges. Ich war nicht allein mit diesem unklaren Entschluss, viele Gleichaltrige zogen damals aus den mittelgroßen Städten des Westens nach Berlin. Ich wohnte in einer Kreuzberger WG, in der es sagenhafterweise ein schmales Zimmer für 110 Euro gab, leider im vierten Stockwerk eines Altbaus, und leider gab es in dieser WG auch eine adipöse Katze, die ständig gefüttert werden musste. Sie hieß Line, miaute und kratzte frühmorgens, so gegen vier oder fünf Uhr, verzweifelt an meiner Zimmertür, um gefüttert zu werden. Sie wurde von Tag zu Tag fetter und nervöser und auch bösartiger und beleidigter. Sie kam nie zu mir, um sich streicheln zu lassen oder auf dem Sessel selbstzufrieden zu schnurren. Sie war niemals ausgeglichen oder spielfreudig. Sie kam immer nur ganz divenhaft hereinstolziert und fauchte dann hässlich, weil der Futternapf schon wieder leer war. Sie hatte sich ganz offenkundig die berühmten Berliner Drogenprobleme zu eigen gemacht. Sie war eine Süchtige, die nie genug von ihrem Stoff kriegen konnte.

Ich war mit dem Umzug nach Berlin einem großstadtromantischen, etwas kitschigen Impuls gefolgt. Ich sehnte mich danach, in der Anonymität zu versinken, nach nächtlichen Stadtsilhouetten, auf denen sich die Plattenbauten und der Klassizismus Winckelmanns, Wohnblockriegel des Westens und Nazibunker unversöhnlich gegenüberstanden. Ich sehnte mich nach der architektonischen Trümmerlandschaft des 20. Jahrhunderts und den Spuren der Mauer, die mein Leben vermutlich mehr prägte als das der meisten Deutschen. Auch nach unversehrten Ecken, die sich auftaten, wenn man nur lang genug herumlief.

Mein erster Job war schnell gefunden: Texte verfassen für die Audioguides von Ausstellungen. Die erste Ausstellung, die ich zugewiesen bekam, hatte die japanische Vor- und Frühgeschichte zum Gegenstand. Objekte aus der Jōmon-, Yayoi- und Kofun-Zeit sollten bald ausgestellt werden. Vermutlich hatte niemand von der Stammbelegschaft überredet werden können, sich in diese rätselhaft-ferne Epoche einzuarbeiten. Ich musste mir etwas zu zweitausend Jahre alten Dogū, kleinen Tonfiguren, die breitbeinige Frauen darstellten, einfallen lassen. Museumsbesucher würden meine Texte hören, das musste alles halbwegs stimmen. Die Dogū sahen ein bisschen aus wie Kröten und hatten riesige Glupschaugen. Sehr hervorgehoben waren die Brüste und die Scham, die Arme waren unnatürlich kurz. Die Experten waren zu dem naheliegenden Schluss gekommen, dass in der Jōmon-Zeit die Fruchtbarkeit einen hohen Stellenwert gehabt hatte und sie in den Figuren versinnbildlicht war. Eine uteruszentristische Kultur.

Vielleicht waren die Figuren Götter, vielleicht auch nicht. Manche behaupteten, die Menschen damals seien Jäger und Sammler gewesen. Andere behaupteten, sie hätten sich schon damals zur Sesshaftigkeit entschlossen. Viel mehr war trotz größter Rechercheanstrengung nicht herauszufinden gewesen. Und zur dritten Dogū-Figur, die in etwa so aussah wie die ersten beiden, fiel mir nichts mehr ein. Ich hatte zweifellos eine die Kreativität herausfordernde Tätigkeit gefunden und tippte ratlos. Line, die fette Katze, kam wieder in mein Zimmer und schaute mich anklagend an. Ich erwog kurz, sie auf den Arm zu nehmen, das Fenster zu öffnen und sie rauszuschmeißen auf die, so hieß sie wirklich, Katzbachstraße.

Kurz nach der Jahrtausendwende lag der alte Westen noch halbwegs im Winterschlaf. Besonders in Kreuzberg. Die Kneipen waren noch Kneipen und keine Bars. Man trank Bier und Korn, aber keine Drinks. Sie waren in den siebziger Jahren entstanden und alterten genauso erbarmungslos wie ihre Gäste. Nicht alle 68er waren Lehrer oder Professoren oder

Politiker geworden. Manche hatten die Ziellosigkeit ihrer Jugend ins Rentnerdasein hinübergerettet. Sie saßen mit langen weißen Haaren am Tresen und rauchten selbstgedrehte Zigaretten. Sie husteten und räusperten sich häufig, während sie tief versunken in den damals noch kleinbedruckten und weitgehend bilderlosen Zeitungen herumlasen. Sie wollten nicht angesprochen werden. Wer als Fremder eintrat, nervte sofort. Dann wurde kurz geseufzt. Wer etwas bestellte, wurde wortlos bedient. Nach dem siebten Besuch wurde zumindest genickt. Die Plakate an den vergilbten Wänden wiesen auf Veranstaltungen der späten achtziger Jahre hin. Auf Bands, die niemand mehr kannte. Auf Lesungen von Schriftstellern, die vergessen waren. Urwüchsige Arroganz war von tagesaktuell schlechter Laune nicht zu unterscheiden.

Selbst in Westberlin ein Hauch von Osten: auch hier die vergilbten Spitzengardinen, als hätten sie die bürgerliche Epoche versehentlich überdauert. Im Wedding: Gartenzwerge auf Balkonen, und man konnte die lebhafte Neigung der Bewohner bewundern, Fensterbänke mit Kleinkram, mit Puppen und Stoffbärchen vollzustellen. Der gemütliche Geruch von Kohleöfen. Die breiten, damals noch ziemlich menschenarmen Straßen. Exotik nur in Gestalt der noch wenigen asiatischen Restaurants und Dönerbuden. In Charlottenburg verwehte, gangsterhafte Grandezza: ältere Herren in zu großen Anzügen mit goldenen Knöpfen, gewichste, aber schiefgelaufene Slipper mit Bommeln, die Seitenhaare geschickt über die Glatze gelegt, irgendwo hängen geblieben zwischen Tanzpalast und Doppelkorn. Sie sahen aus wie eine Mischung aus Harald Juhnke und Donald Trump, halbseiden. Als die Mauer fiel, war man in Kreuzberg besonders schlecht gelaunt. Jetzt wurde man gestört und aufgescheucht, das Biotop würde langsam, aber sicher trockengelegt. Um Gottes willen. Aber noch konnte man leben, als wäre sie nie gefallen. Im Club SO 36 spielten Punkbands, als sei man in den achtziger Jahren. Auf den Toiletten lagen Spritzen herum, als sei man in den Siebzigern. Die Hyperaktivität auf der Tanzfläche deutete eher auf die Amphetamine der Love Parade: zersprengtes Ich, verwehtes Fieber, Hirnschauer.

Noch standen unzählige Wohnungen in der Stadt leer. Sich Wohnungen anzugucken war ein Zeitvertreib auch für jene, die eigentlich gar nicht beabsichtigten umzuziehen. Und die dann doch umzogen. So zog auch ich um. Letztlich wegen Line, der suchtkranken Katze, von der ich neuerdings träumte, und zwar in Übergröße. Ich zog in den Norden von Prenzlauer Berg, in eine Seitenstraße der Bornholmer Straße, nahe der Grenze zum Wedding. Eine mittelgroße Altbauwohnung, die so gut wie nichts kostete. Noch mit Gamat-Gasheizung aus der DDR ausgestattet: enormer Verbrauch, aber brüllend gute Wärmeleistung. Die Böden ochsenblutfarben gestrichen, das Badezimmer eine Reparaturlandschaft aus guten alten Ostzeiten, mit dem riesigen Warmwasserboiler aus dem Kombinat Soundso. Die freistehende Badewanne aus der Nazizeit. Die Nachbarn schwer wendegeschädigt und aus Prinzip wortkarg. Der Hauswart immer angesoffen und in aggressiver Grundstimmung. Er musste öfter vorbeischauen, weil Sicherungen durchbrannten, ein Hahn tropfte, das Rohr verstopft war. Er reparierte alles, aber mit Hass.

Immer die knappen Antworten im Einzelhandel, wenn man etwas dringend brauchte: »Jut zu wissen«, »Hammwernich« oder »Weeßicknich«. Humor, über den sich nur der augenblicklich Mächtige freute, immer der, der einem eigentlich helfen könnte. Läden, die Ostschrippen anpriesen, die waren angeblich ganz anders, irgendwie dichter. Auf den Straßen noch alle weiß, der Osten eben. Ich schrieb weiterhin Audioguide-Texte, unter anderem über Pompeji, da kannte ich mich besser aus.

Auch hier die Kneipen mit langbehaarten Männern besetzt, sie trugen, anders als in Kreuzberg, immer diesen Wolfgang-Thierse-Bürgerrechtler-Bart. Eine kleine Spur redseliger als im Westen: »Zu Ostzeiten war mehr Zusammenhalt. Da saß man noch zusammen.« – »Das hat man jetzt von der Deutschtümelei.« – »Nicht alles war schlecht damals. Vieles, aber nicht alles.« – »Jetzt dreht sich alles nur noch ums Geld und um nichts anderes.« – »Lesen tut keiner mehr.« – »Ach, hör doch auf. Du hast doch keine Ahnung. Keinen Schimmer.«

Die Deutsche Demokratische Republik – vielleicht das einzige Land im Ostblock, das in großer Zahl Intellektuelle und Oppositionelle hervorgebracht hat, die noch immer unbeirrt an den Sozialismus glaubten. Der sei nur falsch realisiert worden. Klar. Aber dann sei das dumme Volk der D-Mark hinterhergerannt. Genau. Kapitalismus sei nur eine besonders trügerische Variante des Faschismus. Manchmal trat noch Christa Wolf auf, die bekannteste Schriftstellerin der DDR, mit bebender Stimme. Immer ein Riesenandrang. Immer ausverkauft. Die Mater dolorosa des Ostens, Feministin, Leidensfigur aller vom Westen Enttäuschten. Heftig kritisiert, weil sie um 1960 herum drei belanglose Berichte für die Stasi geschrieben hatte, von denen die Geheimpolizei ziemlich enttäuscht war. Dabei war sie mehr Opfer als Täterin. Sie wurde selbst bespitzelt über Jahrzehnte. Utopische Literatin, irgendwo, irgendwie, irgendwann würde der Sozialismus schon noch sein menschliches Antlitz zeigen. Die Hoffnung, immer diese Hoffnung auf ein fernes Glück. Völlig erschüttert vom Zusammenbruch des Ostens, wie konnte das nur passieren.

Im Kapitalismus ist die Sprache eine Ware, die sich auf dem Markt behaupten muss. Im Kommunismus ist die Sprache das alles beherrschende Medium, ihr ist die Ökonomie unterstellt. So hat einmal der russische Medientheoretiker Boris Groys den Hauptunterschied zwischen Ost und West zusammengefasst. Im Osten, unter der Herrschaft der Philosophen, hatte jeder Satz Gewicht. Deshalb wurde die Sprache staatlich überwacht, und deshalb war die kleinste Abweichung von der Doktrin gleich ein ruhmreicher Skandal. Man war als Schriftsteller mit ein bisschen

Kritik, mit ein bisschen Nachdenklichkeit von höchster Relevanz. Jetzt gab es im Westen zwar die Freiheit des Wortes, dafür zeigte sich, dass sie ziemlich belanglos war. Man konnte jetzt in einem Roman die kapitalistische Ausbeutung beklagen und bekam von den Amtsträgern dafür wie zum Hohn noch einen Preis. Einst zeigte das Ausmaß des staatlichen Widerstands gegen ein Werk seinen gesellschaftlichen Rang an. Damit war es jetzt vorbei. Man war frei, aber nicht mehr bedeutend. Eine Stimme unter Stimmen.

Eines Sommertags ein Ausflug nach Buckow in Brandenburg, eine Stunde östlich von Berlin, wo es Erhebungen gibt, die man kühn schon Berge nennen könnte. Für Brandenburger Verhältnisse spektakulär. Man hat die Gegend Märkische Schweiz getauft und der Kommunist Bertolt Brecht hatte dort ein geschmackvolles Atelierhaus direkt am Schermützelsee, der ganz klar ist und den man, wüsste man es nicht besser, irgendwo im Süden vermuten würde. Auf einer Waldstraße nahe dem Dichtermuseum waren an diesem Sonntagnachmittag von weitem schwere Bässe zu hören. Junge Leute, wie schön, auf dem Land ist nicht alles vergreist. Langsam fuhren sie dem Spaziergänger entgegen. Ein Traktor zog den offenen Wagen, auf dem sich die Jugend grölend vergnügte. Etwa zwanzig junge Männer, nur zwei Frauen mit langen, sehr blonden Haaren. Schwer verständlicher Deutschrock. Kurzes Anhalten, sieben oder acht Jungs sprangen athletisch herab, um gemeinsam vom Straßenrand aus in hohen Bögen in den Wald zu pissen. Als sie wieder aufsprangen, grüßten alle Mann und die zwei Frauen den Spaziergänger, der gerade den Tross passierte, sehr euphorisch: Sie brüllten dreimal hintereinander »Sieg Heil!« und lachten dann wie am Spieß.

Im weiten Norden von Prenzlauer Berg war erst jedes dritte Haus saniert. Westdeutsche Neoromantiker tranken Flaschenbier in den neuen Bars, alle im Retrostyle der sechziger und siebziger Jahre eingerichtet. Geschwungene Lampen und Sessel aus orangefarbenem Plastik. Nicht immer so eindeutig, ob man auf Designklassikern oder Sperrmüll saß. Allerorts studentisch standardisierte Subkultur, herausgestellter Wille zu Urbanität, Bauwagen samt Bierverkauf in schattigen Hinterhöfen. Drum herum die hoch aufragenden dunkelgrauen Mietskasernen. Fastfood aus Plastikschalen, ein Paradies für Tauben. Die Herkunft aus der westdeutschen Provinz ließ sich im unkonventionellen Lebensstil nicht gänzlich unterdrücken. Allerorts hörte man rheinische, schwäbische oder bayerische Dialekte, aber dieser enorme Aufwand im Abräumen alles Philisterhaften, im Verdrängen der Palmolive-Mirácoli-Welt der Eltern, der Helmut-Kohl-Biedermeierlichkeit. Die wurde noch nach ihrem Verschwinden bekämpft. Man musste in Berlin bald schon in die Außenbezirke reisen, um noch echte Kleingartenseligkeiten und Häkeldeckchen oder großbürgerlich Gesetztes und tradiert Wohlhabendes zu finden. Berlinerisch in Ostberlin hörte man schon wenige Jahre später nur noch auf den Ausfallstraßen.

Ich schrieb schon bald nicht mehr für Audioguides über den Alltag der Merowinger oder den Schmuck der Azteken. Ich schrieb mit aufgeregtem Ehrgeiz für Zeitungen und Magazine, zunächst für Lokalblätter, dann für eine große Wochenzeitung Historisches, Reportagen und Kritiken. Ich war einem Redakteur, dem ich Textproben zugeschickt hatte, aufgefallen. Das war ein Glück.

12 Der Betriebsunfall

Im Herbst des Jahres 2005 hatten sich meine Eltern mit einem Teil ihrer polnischen Verwandtschaft zerstritten. Erstmals war in Polen eine rechtspopulistische Partei an die Macht gelangt, und sie hatten kein Verständnis für die antideutsche und antieuropäische Propaganda oder für die Angriffe auf Schwule und Ausländer. Und einige Jahre später, als erneut die PiS gewählt wurde, hatten sie nicht das geringste Verständnis für die Gefügigmachung der Justiz, die politische Einflussnahme auf Medien und das Verbot von Abtreibungen in ihrem Heimatland, durchgesetzt von ehemaligen Bürgerrechtlern.

Meine Tanten und Onkel hatten gestreikt, mit dem Segen des Papstes gegen die Diktatur gewettert und sich für die Demokratie eingesetzt. Sie waren mit ihrer Familien- und Religionsverbundenheit, ihrem Patriotismus immer konservativer als viele im Westen, was nie ein Problem war, weil es eine prinzipielle Weltoffenheit nicht ausschloss. Jetzt aber hatten sich innerhalb weniger Jahre einige von ihnen in lupenreine Rechtspopulisten verwandelt, in Reaktionäre im Kampfmodus. Im Westen konnte man zu der polnischen Entwicklung hilflose Erklärungen lesen: Es gebe zu viele Abgehängte, die Renten seien zu niedrig, die berühmte Schere von Arm und Reich gehe immer weiter auseinander und so weiter.

Wer vor Ort war, den konnte das nicht überzeugen. Der Wohlstand hatte sich nach chaotischen Übergangsjahren doch beständig gemehrt. Die Polen waren zur Abwechslung Gewinner und nicht Verlierer der Geschichte. Auch in anderen Ländern des Ostens drängten schließlich viele mit Zukunftsoptimismus in die EU, in der Ukraine, in Georgien und in Belarus. Auch sie wollten am Erfolg der Osterweiterung teilhaben. Nun sahen sich die Polen gar nicht als Totengräber des westlichen Projekts. Im Gegenteil, sie sahen sich, zu unserer Überraschung, mit frischem Selbstbewusstsein als wehrhafte Verteidiger christlich-europäischer Werte. Wir in Deutschland würden mit unserer Einwanderungspolitik, mit den naiven Träumen vom Multikulturalismus, der fahrlässigen Einschleppung des Islamismus und der Aufwertung sexueller Minderheiten Verrat am Erbe des Westens üben. Auch das Fahrradfahren galt aus polnischer Sicht als Degeneration.

Mein Vater hatte in Deutschland immer gern polnisches Fernsehen geschaut. Jetzt mied er den Staatssender TVP. Dort wurden jetzt nicht nur Schnulzen, sondern heroische Nationalepen und lächerliche

Militärparaden gezeigt. Mit dem Militär hatte er schlechte Erfahrungen gemacht. Auf Nachrichtensendungen, die seine zweite Heimat verhöhnten und polemisch angriffen, konnte er verzichten. Er sagte, die Polen würden jetzt wie Putins Russen werden.

In jenen Jahren fuhr ich mit dem Zug nach Warschau, mit dem altmodischen Berlin-Warszawa-Express. Im Speisewagen wurde noch richtig gebraten und gekocht, es gab keine Großraumwagen, sondern nur Abteile, die in deutschen Zügen bereits eine Seltenheit waren. Man trat in ein solches Séparée immer ein wie in ein Wohnzimmer und irritierte für einen Moment die schon wohlsortierte Gesellschaft. Als ich am Ostbahnhof einstieg, saßen in meinem Abteil bereits ein Ehepaar um die fünfzig – beide trugen die hochwertige Funktionskleidung der Unternehmenslustigen – und am Abteilfenster eine ältere Dame, die mich mit ihren strengen Gesichtszügen ein wenig an meine alte Musiklehrerin erinnerte. An uns flog schon wenige Minuten später die unspektakuläre brandenburgische Landschaft vorbei, traurige Äcker und verwaiste Gehöfte, vereinzelt Bäume, wie vom Sturm vergessen. Der Mann, ein Pole, duldete auf freundliche Weise nicht, dass ich mich schweigend hinter ein Buch verschanzt hatte. Er sagte, man unterhalte sich, wenn man sich gegenübersitze, oder etwa nicht? »Co pan o tym myśli?«, setzte er hinzu. Wörtlich übersetzt: »Was denkt der Herr darüber?«

Immer wieder hübsch, wie die Grammatik die Polen zur Höflichkeit gegenüber Fremden zwingt, diesen so viel größeren Abstand zwischen dem formellen und dem informellen Gebrauch der Sprache als im Deutschen markiert. Wir tauschten uns über den Zweck unserer Reisen, über Berufe und Kinder, über Polen und Deutschland aus. Und irgendwann erzählten er und seine Frau von den Ländern und Orten, die sie so gern bereisten. Sie erzählten von Barcelona und dem Mittelmeer, von Paris und von der Sixtinischen Kapelle, und sie waren gerade bei einem Detail des Jüngsten Gerichts angelangt, als sich die Frau, die aussah wie meine Musiklehrerin, zum ersten Mal zu Wort meldete. Sie wandte ihren Blick von der reizlosen Landschaft ab und sagte überraschend laut und gereizt nur einen Satz zu uns: »Polska jest najpiękniejsza.« Polen sei am schönsten. Und es war dieser eine, bei Lichte betrachtet sehr alberne Satz, der mir sogleich verriet, wie das Gespräch von da an verlaufen würde. Es würde sich im Politischen verheddern. Die Parteien würden sich fein aufteilen zwischen Nationalismus und Weltoffenheit, zwischen Familienwerten und gesellschaftspolitischer Befreiung, zwischen Tradition und dem Aufbruch ins Neue. Es wurde nach zehn Minuten tatsächlich vehement, und nach zwanzig Minuten tippte der Mann etwas in sein Handy, seine Frau las in einer Illustrierten, ich verschanzte mich hinter meinem Buch, und die Frau am Fenster schaute wieder aus dem Fenster.

Mein Heimatland war wieder einmal Avantgarde. Die Polen nahmen den Trumpismus und den Aufstieg völkischer Parteien des Westens vorweg, aber das ahnte damals niemand. Ich hielt den politischen Umschwung für einen Betriebsunfall, den man beheben könnte, für ein Rumpeln, während man unaufhaltsam der Freiheit entgegenfuhr. In der Großfamilie verständigten wir uns kurzerhand darauf, Politisches weiträumig auszuklammern, wenn man sich traf oder telefonierte. Denn niemand wollte gemeinsame Hochzeitsfeiern und andere Familienfeste gefährden oder sich an den Gräbern der Eltern und Vorfahren aus dem Weg gehen müssen.

13 Die Amerikanerinnen

Vor zehn Jahren fuhr ich für einige Tage nach Paris. Trump war noch nicht Präsident. Die Krim war noch nicht überfallen, die AfD noch nicht gegründet worden. Ungarn und Polen hatten sich noch nicht vollständig dem Populismus ergeben. Großbritannien war in der EU. Der islamistische Terror hatte Frankreich noch nicht heimgesucht. Es war ein sehr warmer Frühsommertag gewesen, ich hatte am Nachmittag eine Schriftstellerin interviewt, war jetzt allein unterwegs und setzte mich in Montparnasse in das Café de la Rotonde.

In das La Rotonde setzte ich mich immer in Paris, weil es sich an einer lebhaften Kreuzung befindet und man auf der Terrasse die immerzu in leichter Eile befindlichen Passanten beobachten kann. Da schon Trotzki und Man Ray hier herumgesessen hatten, war es eine besondere Herausforderung, dem Cafébesuch die Illusion von etwas Beiläufigem abzuringen. Dann aber konnte man hier Stunden verbringen, ohne dass es langweilig wurde. Ich aß und trank etwas, und dann trank ich noch etwas.

Dieser abendliche, leicht hypnotische Beobachtungszustand, in den man hier geraten kann, stellt sich nur in Paris ein. Keine Stadt lädt so sehr dazu ein, sich die Einzelnen, die an einem vorüberziehen, als Protagonisten von Erzählungen zu denken: den etwa fünfzig Jahre alten Mann mit dem violetten Halstuch und seinem Hündchen, den es den Boulevard Raspail stadtauswärts zog und der gerade einen Mord begangen hatte. Die am Handy laut diskutierende Vierzigjährige im Hosenanzug, die gerade aus ihrem Immobilienbüro getreten war und ihrem Mann, der seit einer Stunde in der Küche stand, erklärte, dass sie noch zu einem Geschäftsessen müsse. Leider, *mon nounours*, nicht sauer sein, nein, ich komme nicht so spät nach Hause. Dickleibige Senioren mit ratlosem Blick vor der ausgefalteten Stadtkarte, die eine halbe Stunde später ausgeraubt würden. Der tapsende Greis mit schon stumpfen Augen, aber innerer Unruhe, der mit dem Gedanken spielte, sich endlich scheiden zu lassen.

Das Schauspiel wird durch die Pariser Außenbestuhlung erzwungen. Man sitzt nebeneinander oder allein, aber immer mit Blick auf die Passanten, die ihr Alltagstheater zwangsläufig für die Gäste aufführen. Völlig konträr zu den Gewohnheiten in Deutschland, wo man sich am Tisch isoliert gegenübersitzt, während drum herum nur alle stören und man sich als Außenstehender fragt, weshalb die Leute nicht einfach zu Hause geblieben sind.

Es war dunkel geworden, die Reihen lichteten sich. In meiner Nähe saßen zwei Amerikanerinnen um die dreißig. Sie lachten laut und albern. Neo-Hippies mit sehr langen Kleidern und Haaren. Sie trugen Ledersandalen und übergroße Ohrringe. Die eine von beiden war sehr kräftig und spielte mit ihrem Blindenstock. Die andere half ihr immer wieder, das Wein- oder Wasserglas zu finden. Ich weiß nicht mehr, wie wir ins Gespräch gefunden hatten, aber bald schon saßen wir gemeinsam an einem Tisch.

Sie seien für mehrere Monate in der Stadt, um Englisch zu unterrichten, sagte die Blinde. Die Sehende sagte, das stimme nicht. Sie seien nur hier, um eine Auszeit von ihren schrecklichen Familien zu nehmen. Sie seien ein Paar, was zu Hause nicht akzeptiert werde. Dann strich sie ihrer blinden Freundin durchs Haar. Worauf beide schallend lachten.

Außer uns saß nur noch eine einzige junge Frau an einem Tisch, die in einer Zeitschrift blätterte. Typus: höhere Tochter. Blond, mit flauschigem Pullover, einem Kettchen, Perlenohrsteckern und hellbraunen Wildlederslippern. Die Sehende rief ihr zu: »Join us!« Die höhere Tochter winkte ab. Die Freundinnen aber insistierten mit fröhlicher Betrunkenheit. Schließlich setzte sie sich mit einem lauten Seufzer zu uns.

Ebenfalls eine Amerikanerin, wie sich herausstellte, und sie hatte vermutlich geahnt, dass es eine schlechte Idee war, den Platz zu wechseln. Innerhalb weniger Minuten war das Gespräch, von dem ich jetzt weitgehend ausgeschlossen war, ganz ins Politische abgedriftet. Es ging um Obama, ums Gesundheitssystem, um Studiengebühren, um Sex und Gender, um Rassismus. Sie manövrierten sich zuerst ins Spitzfindige, dann ins Polemische hinein. Die Blinde lachte höhnisch, sobald die höhere Tochter etwas sagte. Ein wenig so, als habe sie es mit einer Geistesgestörten zu tun. Die höhere Tochter warnte unverdrossen vor dem *socialism* der Demokraten, vor dem Kampf gegen das *real America*, gegen *freedom*. Die Sehende griff nach dem Blindenstock ihrer Freundin wie nach einer Waffe, hielt ihn dann aber nur fest umklammert.

Interessanterweise hatten meine Versuche, die Auseinandersetzung durch Scherze abzumildern, den gegenteiligen Effekt. Bald schon schrien sie sich an. Weshalb genau, war jetzt eher unklar. Der Kellner, ein alter Asiat, eilte augenrollend herbei und legte mit Entschiedenheit die Rechnung auf den Tisch, was alle sofort zum Schweigen brachte. Als sei ein magischer Knopf gedrückt worden. Um die quälende Befangenheit aufzubrechen, die eine lange halbe Minute auf allen lastete, fragte mich die höhere Tochter, woher ich käme. Ich sagte: »Berlin.«

»Berlin«, wiederholte sie. Es klang resigniert und mitleidig zugleich. Da sei sie vor ein paar Wochen gewesen: »Just alternative lifestyle there. Nothing else.« Ich widersprach zögerlich, erwähnte Wilmersdorf, Charlottenburg ... Sie unterbrach: »It's all alternative there, too. Just older.« Sie schien gut informiert.

Wir verabschiedeten uns mit vagen Gesten, am Rande der Höflichkeit. Und ich weiß noch, dass ich in meinem viel zu kleinen Hotelzimmer in diesem viel zu schmalen Bett dachte, etwas unwirklich Vergiftetes erlebt zu haben. Zu Hause erzählte ich oft vom Streit der Amerikanerinnen. Er schien mir bedeutsam, ein gutes Beispiel, um zu illustrieren, was uns von den USA trennt. Wie gut, sagte ich immer, dass es diesen Hass, diese Spaltung, diese Unversöhnlichkeit in Deutschland nicht gebe.

Einige Monate später traf ich einen jungen polnischen Journalisten in Berlin. Er arbeitete für eine linksliberale Intellektuellenzeitschrift in Warschau, reiste ständig nach New York und London und Paris zu allen möglichen Podien über den schwierigen, aber interessanten Osten, über Obama und die Republikaner mit ihrer Tea Party. Er hatte ein Stipendium erhalten, um ein paar Monate in Berlin zu leben. Gelegenheit also, sich die Stadt ein wenig genauer anzuschauen, jenseits von Hotels und Veranstaltungsräumen.

Wir saßen in einem unzeitgemäß dunkel eingerichteten asiatischen Restaurant in Schöneberg. Ein vernebelter Novemberabend wie in einem Agentenkrimi. Im Traum hätte er nicht gedacht, sagte der Journalist, dass die Stadt eine derart sozialistische Anmutung habe. Egal ob man im Osten oder im Westen unterwegs sei, immerzu diese dürftige Beleuchtung abends, egal ob in der Kant- oder auf der Torstraße, immer diese leeren, wie eben erst zerbombten Plätze. Eine Kraterlandschaft. Abweisende, ungesunde Gesichter. Keine Größe, keine Anmut, kein Stil.

Dafür Kleinkriminelle an jeder zweiten Ecke und Mafiosi in dicken Autos. Keine nennenswerte Architektur. Kaum eine Kirche, die ästhetisch betrachtet von Rang sei. Wenn er es sich recht überlege, dann sei Berlin am ehesten mit Moskau, Nowosibirsk oder mit Pjöngjang zu vergleichen. Er kenne wenige Städte, die hässlicher seien als Berlin, und keine Stadt, in der die Menschen hässlicher seien, auch keine, in der sie sich schlechter kleideten. Er war aufrichtig entrüstet, er übertrieb hier und da spielerisch, wollte aber den Kern seiner Ausführungen durchaus nicht relativiert wissen.

Einige Jahre später war ich in London und besuchte für eine Besprechung eine Ausstellung. Sie handelte von der Nacktheit in der Kunst der Renaissance. In den meisten Bildern war der Mann das Objekt der Begierde, gemalt von einem Mann. Dürers pornographischer Holzschnitt *Das Bad* war noch eines der züchtigsten dieser großartigen, fast ausschließlich schwulen Bilder. Nach dem Ausstellungsbesuch spazierte ich zweckfrei durch die Stadt und geriet, aus einer Laune heraus, im Gassengewirr in das winzige Geschäft eines Herrenausstatters. Dort probierte ich unter dem so strengen wie zuvorkommenden Blick des Verkäufers Blazer an. Mir gefiel die Idee, einen Blazer in London zu kaufen, um später erzählen zu können, ich hätte einen Blazer in London gekauft.

Es war ein teurer Laden, aber nicht verrückt teuer. Der Verkäufer faszinierte mich auf Anhieb. Ein schon älterer, dünner, formvollendeter Herr, graubärtig, mit langen, nach hinten gekämmten Haaren, das Gesicht zum vorteilhaften Charakterausdruck gereift wie manche Früchte aus dem Bioladen. Vielleicht 65 Jahre alt, vielleicht auch etwas drüber. Alles, was er trug, saß so gut, als sei gerade eine Heerschar von Stylisten an ihm zugange gewesen. Er verströmte gut gelaunte Bildungsbeflissenheit. Wir sprachen über das schwierige Verhältnis der Briten zum europäischen Kontinent. Er erklärte mit geopolitischer Geschichtskenntnis, dass ein Austritt aus der Europäischen Union ein Jahrhundertfehler wäre. Dazu würde es nicht kommen. Die Briten seien viel zu pragmatisch, zu sehr auf ihr Wohlergehen bedacht. Dramatische Umbrüche seien dem Land wesensfremd.

Einen solchen feinen, dabei extravaganten Typus des Verkäufers gab es in Deutschland nicht. Er würde hier aus Mangel an Resonanz eingehen, außer vielleicht in München. Der Londoner Verkäufer fragte, woher ich käme, und als ich etwas verschämt »Berlin« sagte, weiteten sich seine Augen und er meinte, dies sei eine der großartigsten Städte der Welt. »Ja?«, fragte ich unsicher. »Aber ja!«, sagte er, er reise oft dorthin. Und dann sprach er von den melancholischen, abweisenden, geheimnisvollen, heruntergekommenen Straßen Berlins, denen noch der Kalte Krieg anhafte und die er, als jemand, der dem Schönen zugeneigt sei, als Gegengift benötige für seinen Seelenhaushalt: »The unkindness there! Splendid!«

Er wusste, was er tat. Ich kaufte ihm einen teuren, karierten Blazer ab. Er sah im Geschäft sehr klassisch, fast unauffällig aus. Ich zog ein wenig den Bauch ein. Ja, so war es gut, weltmännisch, mit einer Spur von Jugendlichkeit. Der Verkäufer beglückwünschte mich zum Kauf und machte die Andeutung einer Verbeugung: »Good choice, very good choice, Sir.« In Deutschland trug ich den Blazer dann genau ein einziges Mal. Ich trug ihn auf dem Weg nach Hamburg, wo die Redaktion meiner Wochenzeitung lag. Ich traf, wie so häufig, einen Kollegen im Speisewagen. »Oh«, sagte er überrascht, er hatte das neue Kleidungsstück sofort bemerkt. Wir sprachen eine Weile über die neuesten Nachrichten. Dann, ganz unvermittelt, sagte er, der sei schon schön, aber – er suchte nach einem passenden Wort – das sei natürlich schon »ein ziemliches Statement«. Er wiegte nachdenklich den Kopf.

Ich schämte mich augenblicklich, dabei weiß ich bis heute nicht, was genau er mit Statement meinte. Ich hakte aber auch nicht nach, um mich nicht noch weiter in eine Peinlichkeit hineinzumanövrieren. Der Blazer schien ihm vermutlich zu auffällig und überkandidelt, und man darf alles Mögliche in Deutschland sein, ungehobelt, böse, niederträchtig, sensibel, queer, aber das nun wirklich nicht. Ich trug ihn nach der Ankunft in Hamburg befangen auf dem Arm in die Redaktion, verstaute ihn in meinem Büroschrank, wo er, wenn er nicht gestorben ist, noch heute liegt.

Ein verlängertes Wochenende mit meiner Freundin führte mich im selben Jahr nach Wien. Wir machten eine allzu typische Kaffeehausrunde. Wir waren im Café Korb und im Hawelka und landeten schließlich auf der Außenterrasse des Cafés Landtmann am Burgtheater. Es war auch hier eine große Herausforderung, den Cafébesuchen die Illusion von etwas Beiläufigem und Einzigartigem abzuringen. Neben uns saß ein turtelndes, vermutlich affärenerprobtes Paar: er um die fünfzig, braungebrannt, südländischer Typus, mit Sonnenbrille und sportgestrafftem Körper im Polohemd, wie ein Pilot aus den Katastrophenfilmen der siebziger Jahre, als die Geschlechterdifferenz noch dramatisch hervorgehoben wurde. Sie wiederum war mindestenst zwanzig Jahre jünger und auf sympathische Weise affektiert.

Wir kamen ins Gespräch. Ich sagte scherzhaft, er sehe aus wie ein Pilot. Er sagte daraufhin ganz freudig: »Ich bin Pilot!« Er arbeite für die Aegaen Airlines. Grieche also. Seine Begleiterin war passenderweise Stewardess. Als wir erzählten, dass wir aus Berlin kämen, teilte der Pilot, nachdem er seine Sonnenbrille abgesetzt hatte, mit Kennerblick die Städte Europas in erwachsene und weniger erwachsene ein. Berlin sei die am wenigsten erwachsene Großstadt in Europa, meinte er: »Eine fantastische Stadt, solange man sehr jung ist und sehr wenig Geld hat.« Es sei dort schwierig, nicht aus Versehen in einen schmuddeligen Club zu geraten. Und es sei eine Herausforderung, spontan ein richtig gutes Restaurant zu finden. In den erwachsenen Städten, in London, Paris und Wien, sei das genau umgekehrt: »Berlin ist etwas für Kinder.«

Dann widmete sich der Pilot wieder seiner Stewardess und sie lachten und lachten.

All diese Begegnungen ereigneten sich am Vorabend politischer Großereignisse. Im Nachhinein deutet man sich die flüchtigsten Szenen zurecht, als frühe Zeichen eines bevorstehenden Umbruchs: den Streit der Amerikanerinnen, die britische Sorglosigkeit, das Abgleiten von Verwandten ins Reaktionäre. Ich pendelte zwischen dem Redaktionsbüro in Hamburg und Berlin, der kindisch-großartigen Stadt, in der ich wohnte und über die schon damals jeder eine sehr entschiedene Meinung hatte.

14 In Moskau

Der Osten wurde langsam, aber sicher wieder zum Problem. Nicht nur Polen, auch Ungarn schleifte seine Demokratie. Putin hatte Kriege in Tschetschenien und Georgien geführt, jetzt annektierte er die Krim. Es wurde nun ausgiebig über sein in die Diktatur abgleitendes Reich berichtet. Und es war schon eine Meisterleistung der Verdrängungskunst, die russische Einverleibung der Krim trotzdem als fernes Scharmützel, die beständigen Gaslieferungen als Friedenspolitik und die diplomatischen Anstrengungen von Steinmeier und Merkel in der Ukraine als zielführend zu verbuchen. Aber Obama hatte noch immer diese resignativen Gesten, diese Begabung, alles politisch Schwere in einen lässigen Spruch zu überführen. Er nannte Russland belustigt eine Regionalmacht, ein lästiges Problem, aber beherrschbar. In jedem Fall nichts, womit man sich allzu zeitintensiv beschäftigen sollte.

Zwei Jahre nach dem Überfall auf die Krim, im

Juni 2016, reiste ich mit M., einem Freund, der grundsätzliches Interesse am Osten hatte, nach Moskau. Die Fahrt hatte keinen bestimmten Zweck, außer der Befriedigung einer vagen Neugierde auf ein Land, das slawisch war, aber nicht westeuropäisch orientiert wie Polen. Ein Land, das die Deutschen seit jeher verklärten, das fröhlich bereist wurde in unzähligen Gerd-Ruge-Fernsehreportagen, das in Bestsellern beschworen wurde, in denen man sich sogar zu Fuß von Berlin nach Moskau aufmachte. Man empfand und empfindet gegenüber Russland Nähe und Exotismus zugleich. Die alte antiwestliche Mesalliance zwischen den beiden Ländern hat sich tief ins Unbewusste eingegraben. Die Befreiung vom Nationalsozialismus, die sowjetische Invasion am Ende des Zweiten Weltkriegs hat eine verständliche, aber auch sehr rührselige Verbundenheit zu den Russen geschaffen. Zum Teil paart sie sich mit robustem Antiamerikanismus, als sei man in falsche Hände geraten.

Je weiter sie in den Osten gerieten, umso begeisterter wurde jedenfalls für gewöhnlich der Blick deutscher Reiseschriftsteller und Reporter. Die Länder dazwischen, Polen oder Ungarn, Slowenien oder die Slowakei, die man ohnehin nicht auseinanderhalten konnte, waren nur Vorposten und schnell durchquert. Aber Moskau, oh, das klang nach Abenteuer und nach Imperium und nach Vielvölkerstaat, nach etwas Gewaltigem und Tiefem, nach einem Reich, von dem man besiegt worden war und das man nicht blitzkrieghaft einnehmen konnte.

Wir flogen mit der Aeroflot. Die Stewardessen trugen rote Kostüme, hohe Pumps und waren offenkundig auch nach optischen Kriterien ausgewählt worden. Es gab, wie in Siebziger-Jahre-Spionagefilmen, beständig irgendwelche Getränke, und als wir landeten inmitten dieser so flachen Landschaft, war der moderne Flughafen groß und leer und hell. Der Überfall auf die Ukraine schien dem Tourismus doch ordentlich zu schaden. Vereinzelt nur rollten Passagiere ihre Koffer über die ausgeleuchteten Gänge. In der Eingangshalle stand ein großer Automat mit Putin-Souvenirs: Putin-Schirmmützen und Putin-T-Shirts, die ihn im Hawaiihemd und mit Cocktail in der Hand auf der Krim zeigten, und ich war mir für einen Moment nicht sicher, ob die so vulgäre Vermarktung des Präsidenten nicht doch ein subversiver Akt war. Wahrscheinlich nicht.

Noch am Ankunftstag liefen wir auf den menschenleeren Ausfallstraßen umher. Sie waren so breit, dass Passagierflugzeuge mühelos auf ihnen hätten landen können. Die Hochhäuser und Skulpturen und Denkmäler in bizarrer Übergröße. Sie machen aus dem Passanten ein Nichts und ein Alles. Ein Nichts, weil der Einzelne zur ameisenhaften Winzigkeit schrumpft. Ein Alles, weil man aus unzähligen Fenstern beobachtet und bewacht werden kann und verloren im Mittelpunkt der Welt steht. Wer sich auf den Weg zu einer der Sieben Schwestern Richtung Stadtring macht, den Riesenhochhäusern Stalins, klobig und verziert wie Hochzeitstorten, weiß sofort, was nicht stimmt: Die Größe diente keinem Zweck, der Bau der monumentalen Gebäude folgte keiner kapitalistischen Dynamik. Die Stadt verdichtete sich nicht durch Platzmangel wie in westlichen Metropolen. Moskau in seiner jetzigen, sehr unfrohen Gestalt ist dem planwirtschaftlichen Protzgehabe entsprungen, dem Wunsch nach repräsentativer Wucht von Revolutionären, die jene Architekten der Moderne, die sie noch nicht in den Gulag geschickt hatten, unter Todesangst ihre steinernen Träume verwirklichen ließen. Eindruck macht der gewaltige Stilmix, der Bäuerliches mit Futuristischem, Klassisches mit Barockem paart, natürlich doch, so wie rohe Gewalt eben immer Eindruck macht.

Versuche der Ehrenrettung der Moskauer Architektur gibt es immer wieder, aber sie überzeugen nicht, auch wenn sie den interessanteren Standpunkt darstellen. Der Kitzel, den man verspürt, ist nichts als Überwältigung, alles Verspielte der Gebäude ist eine Groteske, und als das Bedrückendste empfand ich das Fehlen jeder menschlichen Aktivität, jedes Handelns oder Trubels auf den Straßen. Kein Straßenmusikant, kein Markt, keine Bettlerin, keine Menschenansammlung an einer Häuserecke. Unter dem von Wolken verhangenen Himmel breitete sich jene unwirkliche Stimmung aus, die man aus Bulgakows Romanen kennt, wo man in der Tristesse, in der unheimlichen Leere den Teufel am Werk glaubt. Selbst der berüchtigte Autoverkehr war eher überschaubar, verglichen mit dem Dauerstress auf westlichen Straßen. Moskau ist kein Moloch, wie oft behauptet wird. Es gibt keine Gasse, in die man flüchten, keinen Fußgängerstrom, in dem man untergehen könnte. Die Urbanität war schon zu Sowjetzeiten eine Fiktion, eine willkürliche Setzung, nachdem man die bürgerlichen, kirchlichen und kapitalistischen Strukturen hinweggefegt hatte.

Eine der Sieben Schwestern, direkt an der Moskwa gelegen, hieß einst Hotel Ukraine. Sie beherbergte ein 5-Sterne-Radisson-Hotel. Ich fuhr mit M. ins 31. Stockwerk, wir tranken zwei, vielleicht drei Drinks in der Mercedes Bar und besichtigten die für Moskau so typische Mischung aus lauten, betrunkenen Männern, die Geschäftsleute waren oder als solche verkleidet waren, und deutlich jüngeren Frauen mit Luxushandtaschen oder aber guten Imitaten derselben.

Der Kapitalismus war im Westen eingehegt worden durch Sozialdemokratie und bürgerliche Verhaltensnormen, in den ehemaligen Satellitenstaaten der Sowjetunion durch den Katholizismus. In der Sowjetunion aber, dem ärmlichen Imperialisten, dem traurigen Vorzeigestaat, zerschlug man alles, was man zerschlagen konnte, um den Neuen Menschen zu erschaffen, den kraftvollen Proletarier. Die meisten Kirchen wurden abgetragen, der Sowjetstern thronte architektonisch über allem, die Ikonen wichen dem Führerkult, das Standesbewusstsein kollektiver Armut. Und als das Wohlstandsversprechen der Kommunisten nicht einmal mehr zum Witz taugte und die Sowjetunion zerfiel, hat nach einigen unruhigen Jahren der gute alte KGB das von jeder Ideologie, jedem Glauben entkernte Land übernommen, das heute mit der Bauernschläue der Mafia, mit Auftragsmorden, mit militärischer Gewalt, mit der breitbeinigen Sprache der Gosse und dem Phantomschmerz alter Größe regiert wird. Und eben mit den besonders vulgären Erscheinungsformen des Kapitalismus, diesem funkelnden Nichts, das übrig bleibt, wenn alles andere vernichtet wird.

Die schwarzen, abgedunkelten Limousinen. Die glatzköpfigen Chauffeure mit Headset und Anzug, die vor Hotels und Geschäften rauchend auf ihre Chefinnen oder Chefs warteten. In den U-Bahnen ging es unendlich tief hinab. Man betrat Paläste mit datschengroßen Lüstern, Wandgemälden, Säulengängen. Als würde man jetzt hinter die Fassaden schauen können, die eben noch oberirdisch vor einem aufragten. An jeder Säule ein junger, stramm stehender Polizist. Manche noch mit flaumigem Bartwuchs, sie posierten wie in Karnevalsuniformen verkleidete Gymnasiasten. Die etwas älteren hatten sich bereits harte, undurchdringliche Gesichter antrainiert. Man blickte in die Klischeevisagen von Kommunisten aus Hollywoodfilmen. Sie erinnerten an das Antlitz von Ivan Drago, den Rocky unter größten Schmerzen im Ring bezwang.

Wir wollten an dem Tag noch zum einbalsamierten Lenin, aber das Mausoleum war wegen Renovierungsarbeiten geschlossen. Auch der Rote Platz bestürzte uns durch seine enorme Weitläufigkeit. Wieder das Gefühl, ein Nichts und ein Alles zu sein, in falschen Proportionen zu leben wie im Traum. Selbst die Basiliuskathedrale, knallbunt, ein Drogentrip aus Zwiebeltürmen, schrumpfte zur Spielzeugversion. Später am Abend gerieten wir in einen Club in der Nähe des Chistoprudny Boulevards im Norden der Stadt. Männer zahlten ordentlich Eintritt, Frauen durften umsonst rein. Spärlich besucht, dafür extralaute Musik – die Kombination vollendeten Elends. Mädchen aus den Vorstädten, zu dünn, zu jung, zwinkernd und herumtänzelnd, mit Aufstiegssehnsucht an der Seite irgendeines Mannes. Nur ein bisschen reden: »Where are you from?« Irgendwelche Getränke, billige Reize, auch demütigend für Männer, die wie Tiere auf Futter reagieren sollten.

Schon schön, diese einstöckigen, klassizistischen, pastellfarbenen Stadtpaläste, die frisch angestrichen, aber unbewohnt schienen. In unserem sogenannten Boutiquehotel, dem der Wille anzumerken war, geschmackvoll-individuell wirken zu sollen, waren kaum Gäste. Vielleicht waren wir auch die einzigen. Am Empfang saß in der Nacht immer dieselbe zu dünne und zu junge Frau vor ihrem Bildschirm, die unendlich traurig Kaugummi kaute und irgendetwas tippte, eine Szene wie aus einem Edward-Hopper-Gemälde. Sie überreichte uns die Zimmerschlüssel und schaute dabei nicht auf.

15 Tolstoi

Der Frühstücksraum, in dem wir allein saßen, befand sich im Keller. Ein großer Fernseher an der Wand zeigte gerade ein Best-of bemerkenswerter sportlicher Leistungen, während wir Brötchen kauten: der Fußballspieler, dem ein Tor mit einem Schuss von der Mittellinie gelang. Zwei Ringer, die sich sehr ungesund verkeilt hatten, bis einer der beiden sich elegant-kraftvoll befreite und sich sein verkrampfter Gesichtsausdruck löste. Zwei Tennisspielerinnen, die einen unendlich langen, von schwerem Stöhnen begleiteten Ballwechsel hatten, und so weiter. Ich hätte noch lange in der fensterlosen Zeitlosigkeit verharren können, aber wir waren ja in Moskau, der Traumstadt der Deutschen, wollten etwas erleben und stiegen hinauf auf die Straße.

Wieder diese endzeitliche Leere. Wir nahmen ein Taxi, das uns zum Tolstoi-Museum im Stadtteil Chamowniki bringen sollte. Der Schriftsteller von *Krieg und Frieden* und *Anna Karenina* verbrachte dort in einem Holzhaus Ende des 19. Jahrhunderts die Winter. Der Taxifahrer, gut gelaunt und gesprächig, wenn auch nur auf Russisch, was M. nicht verstand und ich nur halb, fuhr in die falsche Richtung, setzte uns ab und beharrte darauf, uns an den richtigen Ort gebracht zu haben. Und tatsächlich hatte er recht. Wir standen vor dem Tolstoi-Haus. Ein Schild zeigte es an.

Im engen Eingangsbereich saßen drei Mitarbeiter vor erstaunlich alten Computern mit sehr tiefen Monitoren und tippten etwas. Offensichtlich kamen selten Besucher. Die Eintrittskarten, grün-gräuliche Papierschnipsel, mussten eigens aus einem Wandschrank herausgeholt und gestempelt werden. Die erstaunlich lebhafte Führung einer schon sehr alten, sehr kleinen, nur Russisch sprechenden Mitarbeiterin war in dem Besucherpreis eingeschlossen. Sie trug ein buntes Kopftuch wie früher nur Bäuerinnen. Sie schubste uns in einen Flur. Sehr resolut und fröhlich, ich kannte das aus Polen, dieses handgreifliche Matriarchat. Ich sagte, ich spräche Deutsch, Polnisch und Englisch. Sie sagte, wenn ich Polnisch spräche, sei das doch kein Problem. Wir Slawen kämen zurecht. Sie fasste sich ans Herz.

Aus dem Regal eines mit schweren Teppichen und Sesseln versehenen Zimmers zog sie Erstdrucke hervor, die wir mit Bewunderung betrachteten. Dicke Bücher mit stockfleckigem Papier, das herrlich verzierte Kyrillisch. M. sagte etwas auf Deutsch, dann etwas auf Englisch, was die Museumsführerin nicht verstand, aber sie lachte mit Entschiedenheit. Deshalb lachten wir auch. Sie brachte ein amtliches Dokument Tolstois mit rotem Siegel, vermutlich eine Auszeichnung, die wir nicht zuordnen konnten, aber die von Bedeutung schien, denn sie sagte sehr laut etwas Rühmendes über den Schriftsteller. Das hatte ich tatsächlich in etwa verstanden, und sie fuhr mit ihrem knochigen Zeigefinger über die Zeilen und las etwas vor. Dann hatten wir uns über eine Vitrine zu beugen, in der Füllfederhalter und bunte Abzeichen herumlagen, die wir mit anerkennendem Nicken und Räuspern begutachteten. Sie erklärte jedes einzelne Exponat und verstärkte ihre Aussagen durch heftige Gesten, wohl in der Hoffnung, sich so besonders gut verständlich zu machen. Sie forderte mich auf, da ich doch alles verstand, M. das Gesagte zu übersetzen. Ich erfand etwas, was zu den Exponaten passen könnte: »Mit diesem Füller schrieb Tolstoi seine erste Erzählung.« M. blickte interessiert.

Dass wir nicht im Lew-Tolstoi-, sondern im Alexej-Tolstoi-Haus gelandet waren, hatten wir da längst begriffen und uns auch zugeflüstert, aber wir verzichteten darauf, der Führerin unser Missverständnis zu offenbaren. Das hätte unabsehbare Folgen gehabt. Jener Alexej Tolstoi war nur sehr entfernt mit Lew Tolstoi verwandt, und er ist heute nicht berühmt für sein umfangreiches Werk, sondern für seine grausame Rolle im Stalinismus: Er war Vorsitzender des sowjetischen Schriftstellerverbandes und unterschrieb Aufrufe zu Hinrichtungen von Angeklagten bei den Schauprozessen. Ein übler Apparatschik, Autor langatmiger Propagandaromane, immer bestens von Bediensteten umsorgt. Wir verabschiedeten uns mit Anzeichen größter Dankbarkeit. Die Führerin winkte und sagte strahlend etwas, das ich beim besten Willen nicht verstand.

Unsere nächste Station: die *Ausstellung der Errungenschaften der Volkswirtschaft*. Ein Gelände, das in den zwanziger Jahren im hohen Norden der Stadt errichtet worden war, beherbergte auf einem kreisrunden Platz mehrere große Pavillons ehemaliger Sowjetrepubliken, die ihre landestypischen Waren anboten. In der Mitte stand der *Brunnen der Völkerfreundschaft* mit goldenen Frauenfiguren. Als der mit großem Abstand tristeste Pavillon erwies sich der belarussische, der noch ganz den achtziger Jahren verpflichtet war. Kissen, Kalender und T-Shirts mit Katzenbildern waren ausgestellt. Eine Katzenmotivausstellung aus dem von Lukaschenko diktatorisch regierten Land. Diese Niedlichkeit, die Brutales verdeckt. Außerdem standen da wie aus Versehen schwere schwarze Ledersofas und einige dunkle Wandschränke, Eiche rustikal, im viel zu großen Ausstellungsraum zum Verkauf.

Weißglänzend und mit hohen Säulen versehen: der armenische Pavillon. Er strahlte unwirklich hell in der Sonne. Darin: altes Kunsthandwerk, ein Geschirr- und ein Teppichladen. Ein Hauch Exotik. Ich kaufte einen kleinen quadratischen Wandteppich, auf dem etwas verfremdet ein altes Paar abgebildet war, angeblich handgearbeitet, der würde in den Koffer passen. M. sagte, das sei bestimmt ein mittelalterliches Sujet. Erst zu Hause, als ich ihn an die Wand nageln wollte, recherchierte ich ein wenig im Netz und erfuhr, dass der Teppich einen Bezug zum sehr aktuellen Kampf der Armenier um Bergkarabach hat. Er zeigt ein Monument, das *Tatik, Papik* heißt, übersetzt: Großmütterchen, Großväterchen. Erbaut wurde die frei in der Landschaft stehende steinerne Skulptur des alten Paares in den sechziger Jahren. Sie steht auf aserbaidschanischem Boden, aber die Armenier erheben Anspruch auf das Gebiet. Ich hatte einen Propagandateppich eines Konflikts erstanden, der nach dem Zerfall der Sowjetunion so richtig in Schwung kam und in den sich auch die Russen mit ihrem Militär einmischten.

Der ukrainische Pavillon war wie erwartet geschlossen. Er sah besonders wuchtig und besonders verspielt aus. Verziert mit steinernen Kornähren, aber auch indisch anmutenden Stahlornamenten. Oben auf dem Dach war eine bombastische weiße Krone befestigt, weshalb auch immer. Ein Fiebertraum von Architektur. Das mächtige Eingangsportal war von einer bemalten Glasfront umrahmt, sie zeigte den Vertragsschluss von Perejaslaw. Ukrainische Kosaken hatten 1654 ein Bündnis mit dem russischen Zaren geschlossen. Das Ereignis galt in russischer und sowjetischer Geschichtsschreibung als Wiedervereinigung der sogenannten Bruderländer. Zum dreihundertsten Jahrestag dieses Vertrags wurde die Krim der Ukrainischen Sowjetrepublik angeschlossen. Als Zeichen unverbrüchlicher Freundschaft. Man war sich der Zukunft damals sehr gewiss.

Die allerletzte Republik sollte in sowjetischer Logik natürlich das All sein. Die Eroberung nach der Eroberung der Welt. Ein riesiger, in den Himmel ragender Schweif, das Sputnik-Denkmal, schmückte das Kosmonautenmuseum auf dem Gelände. In der Ausstellungshalle waren der Mondroboter Lunochod 1 und die traurigen, schon etwas verblichenen Raumanzüge von Belka und Strelka ausgestellt. Belka und Strelka waren zwei Hündinnen, die, anders als ihre Kollegin Laika, den sowjetischen Ausflug ins All immerhin überlebten. Fun Fact: Chruschtschow schenkte eine Tochter Strelkas der Tochter von Kennedy. Bald schon paarte sich die Hündin mit dem Kennedy-Hund Charlie. Man wertete die Fortpflanzungsfreude als Entspannungspolitik.

Wir gelangten wieder ins Zentrum der Stadt und wollten nun zum berühmten Puschkinmuseum mit seinen Gauguin-, Matisse- und Van-Gogh-Gemälden. Es regnete und es wehte ein heftiger Sommerwind. Rentner einer Reisegruppe bildeten vor dem Gebäude eine Schlange. Sie hatten große Regenschirme. Wir nicht. Auf der gegenüberliegenden Seite wurden wir auf eine große grün gestrichene Stadtvilla aufmerksam. Sie beherbergte die Ilja-Glasunow-Galerie. Eine staatliche Institution, ein prachtvoller Bau, wir gingen ziemlich durchnässt hinein, befreiten uns aus den tropfenden Jacketts und wurden ungewöhnlich kühl empfangen. Drei ältere Herren saßen stumm an den Ticketschaltern und schauten entweder an uns vorbei oder durch uns hindurch. Sie reagierten nicht auf die Begrüßung auf Englisch, einer druckte uns die Eintrittskarten aus und kassierte wortlos. Wir waren offenbar die einzigen Gäste, und in jeden der bunten, schlossartigen Räume und mit Marmorböden verzierten Aufgänge und Flure, die wir betraten, folgten uns zwei, manchmal sogar drei graugesichtige Aufseherinnen, die uns mit geringschätzigen Blicken taxierten. Sehr unverstellt grimmig, das ist selten. M. sagte, halb scherzend, gleich würden wir verhaftet. Mir schien die Vorstellung nicht völlig abwegig. Offenbar wurden wir als zweifelhafte, zum Spott aufgelegte Ausländer wahrgenommen, die einen heiligen Ort durch ihre schiere Präsenz entweihten.

Glasunow, geboren 1930, gestorben 2017, war ein antiwestlicher, sowjetischer und nationalistischer, schließlich monarchistischer Künstler, der mit Putin befreundet war und vor allem nach dem Zusammenbruch der Sowjetunion ein einzigartig grelles, leicht deutbares Werk geschaffen hat. Es sind unfreiwillig komische Bilder, aber wir lachten nicht, um nicht verhaftet zu werden. Unter den Augen der Bewacher simulierten wir ein Interesse und große Ernsthaftigkeit.

Wir betrachteten das monstergroße Wimmelbild *Der Markt unserer Demokratie* aus dem Jahr 1999. Auf ihm ist alles vereint, was dem wahren Russland fremd zu sein hat: Es zeigt einen alten Schwulen, ein lesbisches Paar, Marilyn Manson, Junkies, Coca-Cola, die Freimaurer, Mickey Mouse, Metallica. Glasunows Werk zeichnet sich durch einen Stil- und Motivmix aus, durch Eklektizismus, der allerneuesten Herrschaftsform entsprechend, die sich an allem bedient, was die russische Geschichte so hergibt: dem sowjetischen Imperium, der orthodoxen Kirche, den Tatarenüberfällen, dem Großreich des 19. Jahrhunderts. Auferstanden aus Ruinen und gegen den Feind gerichtet, den westlichen Liberalismus und seine satanischen Erscheinungsformen. Der Feind hatte dieser Logik zufolge schon die Ostblockstaaten verführt und das Baltikum und war nun drauf und dran, die Ukraine und Georgien in sein von Transpersonen und Drogenabhängigen bevölkertes Höllenreich zu holen.

Seltsam nur, dachte ich, dass wir die einzigen Besucher in diesem so protzigen Museum waren, das doch ganz der offiziellen Doktrin entsprach. Seltsam, dass außer uns niemand im Alexej-Tolstoi-Haus gewesen war, dass die *Ausstellung der Errungenschaften der Volkswirtschaft* höchstens ein paar Familien angezogen hatte. Wo überhaupt hatten sich all die Menschen versteckt? Warum mieden sie ausgerechnet jene Orte, die den Pomp und die Herrlichkeit und die Größe Russlands zeigten? Selbst im alten und edlen Warenhaus GUM, unweit des Roten Platzes, waren nur vereinzelt Menschen, als sei alles nur Fassade, als seien die Luxusmodeketten, in denen einsame Verkäuferinnen wie Wachsfiguren standen, nur ein flüchtiges Bühnenbild oder ohnehin nur für ausländische Besucher erschaffen worden. Die einzige Menschenansammlung in jenen Tagen erblickten wir ausgerechnet vor dem Puschkinmuseum, das die westeuropäische Kunst feierte.

Am letzten Abend, im Hotel, las ich das dünne, schon vergilbte Buch des Philosophen und Kritikers Walter Benjamin, das ich eingesteckt hatte, weil darin ein Essay über Moskau abgedruckt war. Benjamin hatte den Winter 1926/27 in der Stadt verbracht, und er schrieb, wie trubelig es in Moskau im Vergleich zu Berlin zugehe. Berlin sei »ausgestorben und leer«, in Moskau aber »drängt die Ware überall aus den Häusern, sie hängt an Zäunen, lehnt an Gattern, liegt auf dem Pflaster. Alle fünfzig Schritt stehen Weiber mit Zigaretten, Weiber mit Obst, Weiber mit Zuckerwerk.« In den zahlreichen Gassen komme man nur mit einer »Strategie des Drängens und Sichwindens« vorwärts. Noch war die Stadt nicht sozialistisch umgestaltet worden. Benjamin berichtet von zweitausend Kuppeln, unzähligen Kapellen und Kirchen, die zwar geplündert worden waren, aber die kleinteilige, verschlungene Architektur Moskaus prägten. Berlins Straßen hingegen seien »wie eine frisch gefegte leere Rennbahn, auf der ein Feld von Sechstagefahrern trostlos voranhastet«.

»Der Bolschewismus hat das Privatleben abgeschafft«, schrieb Benjamin, alles Leben sei öffentlich und spiele sich im Büro, im Klub, auf der Straße ab. Die Wohnungen seien dreifach und vierfach belegt, sie trieben den Einzelnen hinaus. Heute, nach über hundert Jahren fast ununterbrochener Diktatur, gibt es keine greifbare Öffentlichkeit, keine Menschenansammlung, keine Gassen mehr. Ohne Touristen ist die Stadt so ausgestorben, wie sie wohl zuletzt zu späten Sowjetzeiten war. Was bleibt, sind das Trauma vergangener Größe und der Traum, sie wiederzuerlangen mit aller Gewalt.

16 Trump

Großbritannien stimmte für den Austritt aus der Europäischen Union. Frankreich wurde vom islamistischen Terror heimgesucht. Die AfD gründete sich zunächst als euroskeptische Partei, erhielt während der Flüchtlingskrise großen Zulauf und radikalisierte sich. Trump war jetzt Präsident, und es wurde vor einer Wiederkehr des Faschismus, vor einem rechtsradikalen Umsturz im Westen gewarnt. Das Ende des Liberalismus schien ausgemachte Sache, kreuzbrave Historiker schrieben Handlungsanleitungen für den heroischen Widerstand. Hannah Arendt und ihre Thesen über Diktaturen wurden wieder gelesen, ihr Fernsehinterview mit Günter Gaus in den sozialen Medien geteilt. Zahlreiche alte Romane und Essays wurden neu aufgelegt, denen man eine prognostische Weisheit unterstellte, unter anderem eine Erzählung von Sinclair Lewis von 1936 mit dem ironischen Titel *It Can't Happen Here*. Darin waren die Vereinigten Staaten in den Totalitarismus abgeglitten.

Auch eine Amazon-Serie spielte mit dieser Versuchsanordnung, als ginge es darum, das drohende Unheil kulturindustriell auszubeuten, bevor es nicht mehr möglich sein würde. Schwere Angstlust, eine bleierne Ernsthaftigkeit, das Pathos des Absoluten waren in kürzester Zeit an die Stelle des unverrückbaren Optimismus, der Ironie, der Leichtigkeit getreten.

In den Buchhandlungen lagen auch wieder Stefan Zweigs Erinnerungen *Die Welt von gestern* in einer Neuauflage aus, und dieses Buch las ich mit einiger Begeisterung. Nicht, weil ich der Auffassung war, dass der Nationalsozialismus in Reinform wieder aus den Trümmern der Geschichte auferstehen würde, dafür reichte meine Fantasie nicht aus. Zweig, der das Buch im brasilianischen Exil geschrieben hatte, erinnerte sich an seine Jugendjahre wie an eine komplett andere Welt, an die Sitten und Gebräuche vor dem Ersten Weltkrieg, die mich fesselten. Er beschrieb eine Epoche, die mich an meine Jugend erinnerte: »Alles hatte seine Norm, sein bestimmtes Maß und Gewicht«, schrieb er, und »wer ein Vermögen besaß, konnte genau errechnen, wieviel Zinsen es alljährlich zubrachte ... Jede Familie hatte ihr bestimmtes Budget, sie wußte, wieviel sie zu verbrauchen hatte für Wohnen und Essen, für Sommerreise und Repräsentation ... Während ein Säugling noch in der Wiege lag, legte man in der Sparbüchse oder der Sparkasse bereits einen ersten Obolus für den Lebensweg zurecht ... Niemand glaubte an Kriege, an Revolutionen und Umstürze. Alles Radikale, alles Gewaltsame schien bereits unmöglich in einem Zeitalter der Vernunft ... Mit Verachtung blickte man auf die früheren Epochen mit ihren Kriegen, Hungersnöten und Revolten herab als auf eine Zeit, da die Menschheit eben noch unmündig und nicht genug aufgeklärt gewesen. Jetzt aber war es doch nur eine Angelegenheit von Jahrzehnten, bis das letzte Böse und Gewalttätige endgültig überwunden sein würde, und dieser Glaube an den ununterbrochenen, unaufhaltsamen ›Fortschritt‹ hatte für jenes Zeitalter wahrhaftig die Kraft einer Religion ... Die Menschen wurden schöner, kräftiger, gesünder, seit der Sport ihnen die Körper stählte, immer seltener sah man Verkrüppelte ... An barbarische Rückfälle, wie Kriege zwischen den Völkern Europas, glaubte man so wenig wie an Hexen und Gespenster ... Es war kein Jahrhundert der Leidenschaft, in dem ich geboren und erzogen wurde. Es war eine geordnete Welt mit klaren Schichtungen und gelassenen Übergängen, eine Welt ohne Hast ... Wenn ich versuche, mir bildhaft die Figuren der Erwachsenen zu erwecken, die um meine Kindheit standen, so fällt mir auf, wie viele unter ihnen frühzeitig korpulent waren ... Ein ›gesetzter‹ Mann vermied bewußt die Gesten und den Übermut der Jugend als etwas Ungehöriges ... Eile galt nicht nur als unfein, sie war in der Tat überflüssig, denn in dieser bürgerlich stabilisierten Welt mit ihren unzähligen kleinen Sicherungen und Rückendeckungen geschah niemals etwas Plötzliches.«

Bis in die nebensächlichsten Beobachtungen hinein erkannte ich Grundzüge meines eigenen Lebenswegs wieder. Er erzählte davon, dass selbst ein gewaltiges Ereignis wie die Balkankriege weder den Alltag noch das optimistisch-liberale Lebensgefühl erschütterten. Und so sehr der Irakkrieg wiederum in meiner Zeit vielfachen Anlass für Empörung bot, so wenig änderte er etwas an der grundsätzlichen Zuversicht, die sich nach dem Zusammenbruch des Ostblocks eingestellt hatte. Katastrophen an der Weltperipherie, schrieb Zweig, drangen »nicht durch die gefütterte Wand des ›gesicherten‹ Lebens«.

Mit Trumps Wahl zum Präsidenten war die gefütterte Wand, die einen für mehrere Jahrzehnte vor nervöser Politisierung bewahrt hatte, eingerissen worden. Es gab kaum noch ein Gespräch unter Freunden oder in der Redaktion, das nicht vom politischen Krisenbewusstsein beseelt war. Der Feldzug gegen den Liberalismus gipfelte im Sturm auf das Kapitol, im Versuch eines Staatsstreichs, und hätte einem jemand vor zehn Jahren erzählt, dass die Demokratie der Vereinigten Staaten derart ungefestigt sei, dass sie kollabieren könnte, wäre er kurzerhand für verrückt erklärt worden. Man glaubte an ein solches Szenario so wenig wie an Hexen und Gespenster. Und wäre ich doch so fantasiereich gewesen, mir den Aufstieg eines Populisten wie Trump vorzustellen, wäre ich davon ausgegangen, dass alle anderen gesellschaftlichen Kräfte das Hohelied der Freiheit angestimmt hätten.

Genau das passierte interessanterweise nicht. In

Teilen des akademischen Milieus gehörte es zum guten Ton, den Liberalismus selbst anzugreifen. Probleme, Rückfälle und Defizite des Westens galten jetzt manchen nicht als empörende Abweichungen von seinem Ideal, das Ideal selbst galt als problematisch. Das Postulat der Gleichheit wurde als Herrschaftsinstrument der Privilegierten begriffen. Die universalen Menschenrechte hielt man für eine perfide Strategie zur Ausbeutung des Südens. Die Freiheit interpretierte man nicht mehr als die Sprengung gesellschaftlicher und staatlicher Fesseln, sondern als rechten Kampfbegriff, mit dem Verantwortungslosigkeit camoufliert werde. Der schon längst verblasste Theorieballast meiner Studentenzeit, die sprachmagische Fixierung auf problematische Begriffe und auf Grammatik, auf Geschlecht und Ethnie hatte Konjunktur. Die akademischen Nischendiskussionen von einst, die steilen Thesen aus Bonner Seminarräumen waren zum Mainstream eines engagierten, zunehmend die Institutionen prägenden Kulturmilieus geworden. Ausgerechnet zu einem Zeitpunkt, als die westlichen Ideale durch Antidemokraten unter Druck gerieten, war ein Kulturkampf um Anerkennung, um Identitätsfragen, um die Fundamente und die Traditionsbestände des Westens ausgebrochen, der die Öffentlichkeit zusätzlich irritierte.

Ich war einst von einem geknechteten Land ins Paradies gezogen und konnte den Aufstieg Putins und der AfD, Orbáns und Trumps nur aus vollem Herzen verachten. Polnische Verwandte, die sich einem mythischen Kulturkampf um nationale Reinheit verschrieben hatten, waren mir fremd geworden. Eine modische, weit weniger gefährliche, sich progressiv gebende Radikalkritik an der Aufklärung aber, die sich einseitig auf ihre Schattenseiten konzentrierte, erschien mir als schwer verständliches *friendly fire.* Denn was anderes galt es jetzt zu verteidigen, als den letzten Hort der Freiheit, diese niemals perfekte, aber beste aller möglichen Welten: den Westen mit seinen ramponierten und verbrauchten Großbegriffen wie Rechtsstaatlichkeit, parlamentarische Demokratie, Privateigentum, Minderheitenschutz und so weiter. Großbegriffe, die noch vor zwanzig Jahren so internalisiert, so selbstverständlich waren, dass sie bereits nervten.

Stefan Zweig sprach von einem Traumschloss, in dem sich die Menschen in seiner Jugend eingerichtet hatten. Mein eigenes Traumschloss war etwas renovierungsbedürftig, manche Sessel waren durchgesessen, andere schon ganz unbrauchbar, hier und da war ein Fenster verzogen, aber noch immer war es so elegant und grundsolide, dass ich mir keinen besseren Wohnort vorstellen konnte. Ich erinnerte mich an meinen linken Klassenlehrer, der einst so resigniert meinen konservativen Deutschlehrer verteidigt hatte: »Am Ende wollen wir doch beide dasselbe.« Und ich fürchtete, dass dieser Satz einer schon weit entfernten Epoche entstammen könnte, der Welt von gestern.

Wunderbar vergessen ließen sich die Aufregungen

in Gesprächen und in den sozialen Netzwerken auf den breiten, leicht abschüssigen Straßen Berlins. Auf manchen meinte man in der Sommerhitze dem Strand entgegenzulaufen, aber man landete dann doch nur an der nächsten Querstraße und fand wieder die stadttypischen Spätis, Spielhallen, vietnamesischen Schneidereien, Billigfriseure, Billigbäckereien, Billigdöner. Berlin war vor allem dort besonders vielfältig, wo es besonders kostengünstig war, zum Beispiel im Asia-Schnellimbiss, wo die dänische Erasmus-Studentin mit ihrer hippen Wollmütze auf den geflüchteten Syrer und den polnischen Bauarbeiter im Unterhemd traf. Oder im Tiergarten, wo die Obdachlosen aus dem Balkan, aus Belarus, aus Russland und aus Polen trinkfreudig zusammenkamen. Oder in der Ringbahn, die die Berliner Innenstadt umkreist, die vermutlich anarchistischste S-Bahn-Linie des Kontinents, wo sich zu Stoßzeiten Transpersonen, slowenische Punks, Islamisten und rumänische Großfamilien aneinanderdrückten wie unwillige Liebhaber. Wenn es Ärger gab, fuhr die Polizei immer mit einem traurigen Opel Corsa vor, was den Konflikten in der Stadt sogleich etwas Putziges und Harmloses verlieh.

Es stimmte natürlich, was mir die Amerikanerin, die höhere Tochter, in Paris sagte. Es gab in Berlin fast nur Gegenkultur, was mit so eigenwilligen Pointen einherging, dass sich kaum sagen ließ, gegen was oder wen konkret man etwas hatte, wogegen man sich abgrenzte. Man demonstrierte für das Klima oder für sexuelle Vielfalt oder gegen Rassismus, was ein begrüßenswerter Zeitvertreib war. Nur musste man in der Stadt mit der Lupe nach jenen suchen, die mit den Forderungen im Grundsatz nicht einverstanden gewesen wären. Alles Überreizte, Aktivistische, politisch Nervöse in Berlin schien sich auch aus der Verzweiflung zu speisen, dass es immer weniger gesellschaftlich zu befreien gab, man aber so tun musste, als sei dies sehr wohl der Fall. Man lebte in einer verstetigten Oppositionshaltung, wie ein Motor, den man vergessen hatte abzustellen.

Während andere Städte Stolz aus ihren Sehenswürdigkeiten, ihren Bauwerken oder ihren Gemälden zogen, so rühmte sich Berlin nach wie vor seiner Darkrooms, die zur Kunst erklärt wurden. Die Freizügigkeit des Alltags korrespondierte mit der Gelassenheit, die man seiner Umgebung entgegenbrachte. Es störte niemanden, dass Matratzen, Bauschutt, defekte Monitore, abgewetzte Sofas, abgefahrene Reifen und verbogene Kinderwagen auf dem Bürgersteig entsorgt wurden. Die wurden von den Stadtwerken, bei denen die tüchtigen Zuwanderer angestellt waren, irgendwann aufgesammelt. Oder auch nicht.

Nichts war unberlinerischer, als sich über die verwahrlosten Ecken der Stadt aufzuregen, über die Dealer in den Parks und U-Bahnhöfen, über die osteuropäischen Prostituierten an den Ausfallstraßen, die neuerdings Sexarbeiterinnen hießen. Man konnte, ohne auch nur die winzigste Verwunderung auszulösen, als drogenbeflügelte Dragqueen oder als achtzigjähriges Piercing-Wunder oder als krimineller Gangsta-Rapper herumwanken. Die soziale Not war von Buntheit überblendet, Berlin war die Synthese aller gesellschaftspolitischen Experimente, die im Westen je erdacht worden waren. Die Stadt hatte kein Bankenviertel, keine nennenswerte Industrie, und doch war sie eine der kapitalistischsten Städte überhaupt. Denn ihr waren so gut wie alle Normen und Rituale der Bürgerlichkeit, die für gewöhnlich die marktwirtschaftliche Dynamik abbremsen, abhandengekommen.

Wer in Tübingen oder Koblenz aufgewachsen war, erfreute sich in Berlin an der jedes Deutschlandklischee unterlaufenden Dysfunktionalität. Berlin hatte das Kaputte zur Lebensart verklärt wie vielleicht sonst nur Neapel, die Stadt, die der Philosoph Alfred Sohn-Rethel einst zur Metropole der Improvisation erklärt hatte. Nichts funktionierte, alles war auf Reparaturbedürftigkeit abgestellt. »Nur ausnahmsweise«, schrieb Sohn-Rethel, »und dank eines befremdlichen Zufalls kommt auch Intaktes vor.«

Es war so vieles egal, und da so vieles so herrlich egal war und vergleichsweise bezahlbar obendrein und man hier die Trumps und die Kaczyńskis und Le Pens und wie sie alle hießen gut verdrängen konnte, wurde die Stadt im Merkel-Wunderland zum Hotspot aller Lebenskünstler und Studentinnen des Westens. Sie kamen aus den mittelgroßen Städten Amerikas oder aber den bieder-bürgerlichen Enklaven Europas wie Lyon oder Trient oder Sevilla. Und weil es mit einem Mal Jobs in Internetfirmen gab, zogen manche auch deshalb hierher. Und weil es Krieg in Syrien und in anderen Ländern gab, kamen Flüchtlinge her. Innerhalb weniger Jahre wurde Berlin wahrhaft international und trubelig und hektisch. Die Stadt hatte sich gehäutet, sie war jetzt interessanter, chaotischer und auch ein wenig komplizierter als in den erstaunlich schwermütigen Jahren nach dem Mauerfall.

Das beständige Umherziehen, weil einem die Katze des Mitbewohners, die Wandfarbe im Hausflur oder die Frisur der Nachbarin nicht mehr passte, wurde allerdings immer seltener, denn die Mietpreise explodierten. Und doch zogen weiter junge Leute nach. Sie sahen noch fast genauso aus wie die Zuzügler vor ein paar Jahren, sie trugen Sneakers, skandinavische Pullover und färbten sich die Haare hellblau oder in einem blassen Orange, aber sie hatten einen anderen Lebensstil. Sie saßen nicht mehr mit Flaschenbier in Hinterhöfen, sondern in minimalistisch eingerichteten Restaurants, wo es auch gute alkoholfreie Weine gab. Sie waren Mitte zwanzig, polyamor, politisch wach, sensibel, ernährungsbewusst und von Haus aus wohlhabend. Sie konnten erwarten, auf Englisch bedient zu werden, so wie man im 19. Jahrhundert erwarten konnte, sich auf Französisch zu unterhalten. Sie stellten ihren Reichtum aber nur sehr dezent aus und mit ihrem betont lässigen Kleidungsstil überhaupt nur durch Minimalabweichungen, die man als markenversierter Beobachter entschlüsseln konnte. Es wäre unfair, sie dafür verantwortlich zu machen, dass die Sachbearbeiterin in Pankow oder der Krankenpfleger in Steglitz kaum noch eine erschwingliche Wohnung fand. Dafür fehlte es an Bewusstsein. Als Ursachen der Misere wurden ja vor allem Systeme und Strukturen, der Kapitalismus, das Patriarchat oder der Kolonialismus identifiziert.

Für manche Neulinge wurde es nun schwierig, in der Stadt Fuß zu fassen. Vor allem für Flüchtlinge, die jetzt vergebens eine Bleibe suchten. Aber auch für Aufsteiger aus deutschen Provinzstädten, die kein Zimmer mehr für 110 Euro fanden: Die Zeit der Glücksritter war vorbei.

17 Der Anfang

Die Chroniken für den Februar 2022 berichten von Überschwemmungen im brasilianischen Petrópolis, bei denen mehr als 150 Menschen ums Leben kamen. Es starben in diesem Monat der Regisseur Hans Neuenfels und die italienische Schauspielerin Monica Vitti. Abu Ibrahim al-Haschimi al-Quraschi, ein ehemaliger Anführer des Islamischen Staates, sprengte sich in die Luft, als die Amerikaner mit ihrem Militär hinter ihm her waren. Bei den Olympischen Winterspielen in China belegte Norwegen im Medaillenspiegel den ersten Platz, die Polen den letzten. Nur einer ihrer Athleten, Dawid Kubacki, gewann eine Medaille: Bronze im Skispringen. Frank-Walter Steinmeier wurde erneut zum Bundespräsidenten gewählt. Der Politiker aber, den man in Deutschland am häufigsten in den Medien sah, hieß Karl Lauterbach. Der Gesundheitsminister warnte vor einer neuen Coronawelle und warb mit nervösem Eifer für eine Impfpflicht.

Am 24. Februar geschah das Unerwartete. Russlands Armee drang mit Panzern in die Ukraine ein. Ich schämte mich wegen der Angst, die ich in meiner gut geheizten Berliner Wohnung empfand, als der Krieg begann. Sie war unangemessen gegenüber dem nackten Grauen, dem die Menschen nur wenige Autostunden weiter östlich unmittelbar ausgesetzt waren. Aber Gefühle lassen sich nicht nach moralischen Kategorien an- oder ausknipsen. Für lange Zeit hatte ich gehofft, dass sich in Russland nicht die lachhafte Welt des Propagandamalers Ilja Glasunow durchsetzen würde, sondern der Westen, der die Besucher des Puschkinmuseums während meines Besuches in Moskau so angezogen hatte. Selbst das Konzept des Wandels durch Handel, diese Gasdeals, denen man frecherweise das Gütesiegel der Weltverbesserung aufgeklebt hatte, mag mir in den Jahren der Freiheit ein klein wenig plausibel vorgekommen sein. Jetzt war die Ostpolitik fürchterlich blamiert. Und die Polen, schon immer als Hysteriker verlacht, hatten recht behalten: Die Deutschen waren von langer Hand hereingelegt worden. Ihre als Friedensprojekt deklarierte Handelspolitik, mit der sich alles Militärische erübrigen sollte, war auf Kosten all jener Länder des Ostens gegangen, die sich vom russischen Einfluss völlig zu Recht bedroht fühlten.

Mein Traumschloss, der westliche Liberalismus, hatte in Europa einen schweren Schaden erlitten und musste jetzt mit Gewalt verteidigt werden. Und dass es tatsächlich verteidigt wurde, mit Waffenlieferungen und einem erbitterten Kampf der Ukrainer, die in die Europäische Union, aber ganz bestimmt nicht ins Russländische Reich wollten, schien mir so selbstverständlich, dass ich enttäuscht war, als manche Bekannte, Freunde und eine kleine, dafür lautstarke Fraktion deutscher Intellektueller den Ukrainern die eilfertige Kapitulation nahelegten. Sie sprachen von Verhandlungen, um die Anrüchigkeit und den Zynismus ihrer Forderung zu camouflieren. Sie veredelten ihre Pamphlete mit dem Pathos der Friedensbewegung, aber ich glaube, sie wollten einfach ihre Ruhe. So wie man einst seine Ruhe haben wollte, als sich die Solidarność gegen die Diktatur erhob. Für manche war es eben noch immer fast ausschließlich der Wohlstand, der diesem Niemcy eine Identität, einen Sinn, den Kitt gab.

Für mich hingegen schloss sich ein biographischer Kreis. In meiner Kindheit war der Freiheitskampf der Polen viel unblutiger gewesen, aber meine Eltern und meine polnische Familie wollten genauso wenig im Einflussbereich eines brutalen, wirtschaftlich wie kulturell hinfälligen Imperiums leben wie heute die Ukrainer, die Belarussen und Georgier.

Ich hatte Georgien wenige Monate nach der Wahl von Donald Trump bereist. Wie einst in Polen zeigte sich hier die erwachende, sich emporkämpfende Moderne, während einem das Dörfliche und Traditionelle im langsamen Verschwinden als Idylle erschien. Vor einem goldumrahmten Madonnengemälde in der alten und dunklen Sioni-Kathedrale in Tiflis stand eine junge, schlanke Frau so inbrünstig betend, dass sie in Paris oder Berlin für verrückt erklärt worden wäre. Sie murmelte Gebete, Tränen liefen ihr über die Wangen, ihre Lippen zitterten. Fast vulgär in der Erschütterung, die sie öffentlich zelebrierte. Eine Andachtszene wie aus der Literatur des 18. Jahrhunderts. In den Straßen streunende Hunde, die wenig Interesse am Besucher zeigten, manchmal trotteten sie neben mir her, schauten aber nicht auf. Verfallene Prachtvillen, Holzhäuser, abenteuerlich auf Anhöhen erbaut. Die zahnlosen Bauern auf den überfüllten Märkten vor ihren geruchsintensiven Käselaiben. Die alten Frauen in Schwarz gekleidet. Am Fluss, der Kura, dann die Bars, die genauso aussehen wie in Berlin. Mit Bierflaschen und Longdrinks auf den Stufen, die zum Wasser hinabführen, Electro Funk, milde Sommernacht. Junge Menschen mit einem Freiheitsdrang, der jede lokale Begrenzung sprengt, mit dem Glauben an die individuelle Entfaltung und Verfeinerung des Individuums und der Hoffnung, die jugendliche Sinnsuche verstetigen zu können. Alles, was ich in Deutschland erlebt hatte, könnte sich auch hier wiederholen, nur etwas schneller und noch östlicher als in Polen. Die Jungen würden, wenn man sie ließe, in Konflikt geraten mit dem Althergebrachten und Provinziellen, mit dem Vorhersehbaren und Standardisierten, der blinden Schicksalsergebenheit und aggressiven Sentimentalität der Vormoderne. Man bleibt da nicht stehen, wo der Zufall einen hingeworfen hat.

Noch aber war die Gleichzeitigkeit des Ungleichzeitigen zu besichtigen. Eine nervöse Schönheit, die sich nur im Umbruch zeigt, in der Abkehr sowohl von der Tyrannei als auch von den im Kommunismus konservierten religiösen und familiären Bindungen. Das alte Imperium hat auch hier vor wenigen Jahren Verwüstungen angerichtet: Russland hält einen Teil des Nordens seit fünfzehn Jahren besetzt, es verhindert mit seiner Militärmacht die Entwicklung des Landes, es steuert die Regierung. Wer die Länder des Ostens bereist, die sich vom Einfluss des autoritären Russland befreien möchten, begreift immer weniger, weshalb es heute im Westen Mode geworden ist, am eigenen Liberalismus zu zweifeln und in ihm nichts anderes zu erblicken als eine perfide Strategie zur Knechtung der Welt.

Im September des Jahres 2022 hörte ich mir einen Vortrag an. Der Mann trat vors Mikrofon und sprach mit großem Ernst über den Kolonialismus. Das Publikum war aufmerksam und applaudierte, sobald er eine Pointe setzte, allerdings nicht zu begeistert, dafür war der Anlass zu feierlich, da tobt man nicht herum. Der Mann sprach von einem »neokolonialen System«, das die Welt im »Namen der Herrschaft des Dollars und des technologischen Diktats« ausplündere. Der Wohlstand des Westens beruhe »nicht auf eigener Arbeit«, seine Aggression richte sich »gegen unabhängige Staaten, gegen traditionelle Werte und eigenständige Kulturen«. Er zerstöre ganze Länder, er sei verantwortlich für »humanitäre Katastrophen,

Armut, Ruinen, Millionen zerstörter, vernichteter menschlicher Schicksale, terroristische Enklaven, Zonen sozialer Armut, Protektorate, Kolonien und Halbkolonien«. Die westlichen Eliten würden immer von Demokratie sprechen, aber sie beförderten doch nur Despotismus und Apartheid: »Sie teilen die Welt dreist auf in ihre Vasallen, die sogenannten zivilisierten Länder, und den Rest, die für die heutigen westlichen Rassisten Barbaren und Wilde sind.« Es sei rassistisch, wenn man meine, die eigene Zivilisation und der Neoliberalismus müssten Vorbild für die gesamte Welt sein.

Er hielt jetzt kurz inne, um dann mit einem historischen Exkurs fortzufahren. Der Redner sprach jetzt vom weltweiten Sklavenhandel seit dem Mittelalter, vom Genozid an den indigenen Völkern Amerikas, von der Ausbeutung Indiens und Afrikas, von den Kriegen Englands und Frankreichs gegen China, schließlich von der Vernichtung ganzer Ethnien im Kampf um Land und Ressourcen. Eine regelrechte »Menschenjagd« sei veranstaltet worden, und zwar »wider die Natur des Menschen, wider die Wahrheit, die Freiheit und die Gerechtigkeit«. Statt Demokratie seien Unterdrückung, Ausbeutung und Gewalt geschaffen worden. Ein strukturelles Wesensmerkmal des Westens sei seine Heuchelei.

Der Redner hieß Wladimir Wladimirowitsch Putin. Er verkündete in dieser Rede, die ich im Fernseher sah, den Beitritt vier ukrainischer Gebiete zum russischen Staatsgebiet, und dass er sich stellenweise anhörte wie ein Redner auf den besonders fortschrittsseligen Podien des Westens, war kein Zufall. Er hat sehr genau eine Schwachstelle des Westens erkannt, die gleichzeitig zu seinen größten Stärken zählt: die Fähigkeit zur Selbstkritik, die sich manchmal ins Selbstzerstörerische ausweiten kann. Eine Meinungsfreiheit, die vor der Kritik an der eigenen Geschichte, am eigenen System nicht haltmacht, sondern sie regelrecht herausfordert. Die Freiheit, öffentlich sagen zu können, dass man in einem besonders langweiligen, besonders hässlichen, besonders spießbürgerlichen Land lebt, das von einem besonders unattraktiven und besonders dicken Kanzler regiert wird, der gewählt worden ist, um für immer zu bleiben. Die Freiheit, wider besseres Wissen behaupten zu können, man liege in Fesseln, während man in der besten aller möglichen Welten lebt, in einem Traumschloss.

Literatur

Hannah Arendt: Elemente und Ursprünge totaler Herrschaft. Antisemitismus, Imperialismus, Totalitarismus. München 1991.

Francis Fukuyama: Das Ende der Geschichte. Hamburg 2022.

Boris Groys: Das kommunistische Postskriptum. Frankfurt am Main 2006.

Ivan Krastev und Stephen Holmes: Das Licht, das erlosch: Eine Abrechnung. Berlin 2019.

Milan Kundera: An Introduction to a Variation. In: The New York Times Book Review, 6. Januar 1985.

Andreas Reckwitz: Die Gesellschaft der Singularitäten. Zum Strukturwandel der Moderne. Berlin 2019.

Alfred Sohn-Rethel: Das Ideal des Kaputten. Freiburg/Wien 2019.

Stephan Wackwitz: Die vergessene Mitte der Welt: Unterwegs zwischen Tiflis, Baku, Eriwan. Frankfurt am Main 2018.

Stefan Zweig: Die Welt von gestern. Erinnerungen eines Europäers. Frankfurt am Main 2017.
Lea Ypi: Frei. Erwachsenwerden am Ende der Geschichte. Berlin 2022.